WELCOME TO
WITH WORD S

MW01076162

Learning a new language can be both challenging and rewarding. This book provides puzzle based vocabulary exercises and is intended to supplement traditional methods of language study. We believe that learning should be fun. If you are doing something that you enjoy, then it will be easy to stick with.

In Learn SWEDISH with Word Search Puzzles you will find a collection of 130 bilingual word search puzzles that will challenge you with dozens of interesting categories.

This book includes:
• Diverse categories including: Numbers, Colors, The Body, Weather, Professions, Fruits, Vegetables, Verbs, Opposites, and many more!
• Words hidden horizontally, vertically or diagonally in each puzzle
• Easy to read puzzles
• Challenging and fun!
• Puzzle based learning provides unique learning perspective
• 65 jumbled review puzzles to challenge your memory and lock in those translations with reinforcement learning
• Complete solutions provided.

Keep your Mind Active and Engaged
Studies have shown that continuously challenging your brain with puzzles and games or acquiring new skills such as a new language can help to delay symptoms of dementia and Alzheimer's.
Keeping a sharp mind is a great idea for people of any age.

Learn with Word Search Series ·
Revised and updated for 2018.
Now including 10 challenging languages. Check out our other titles!

Happy searching!

To those who occasionally struggle to find the correct words.

Welcome to Learn with Word Search. It's time to count down to your new vocabulary. Here we go. Three. Two. One   Find these number translations in the grid below.

```
O J Y O R A R E E E A Q S Q P E
I O F T D O T A G A E H H A B V
W A E R N W Å Q O F A H G H Y M
I L U E N H E T W O E S Y V I Z
T S H T H L M T X J X A V A Q N
E H U Å R S E E I E S B M E R I
Å L A R N E V E S O O I N Z G T
Å I W H K E Y V A N S I F S E Å
I E A E A T O L E I N I C J R V
X V O M Å E T E L E V E N U L T
N G J G D T R W V E N O O O Å N
K H A E H I H T A R Y F T T N S
C L T F H E Å G O H N O T M E F
S I H W C M J E I T M A E L T T
E F F J O R T O N E E T R I H T
S C N E E T F I F O U R T E E N
```

ONE	ETT
TWO	TVÅ
THREE	TRE
FOUR	FYRA
FIVE	FEM
SIX	SEX
SEVEN	SJU
EIGHT	ÅTTA
NINE	NIO
TEN	TIO
ELEVEN	ELVA
TWELVE	TOLV
THIRTEEN	TRETTON
FOURTEEN	FJORTON
FIFTEEN	FEMTON

A zillion is often used to describe a huge number, but it doesn't actually have a defined value. We won't make you count to a zillion, but below you will find some more numbers to add to your vocabulary.

```
S E X T O N I T T I O V T N D V
E S T K A Y D E Y A L S E R O H
V T J A T R H O J T I Å A P F U
E M U H U N D R A X R E Å E T R
N N G H S T R E T T I O M N O D
T I O T E L A Y R H T T F I I O
E N E N V U S M S D I S T N T I
E E K O E T J S J O N R C E X R
N T S J N E U Y U O Y U T T E R
U E A L T I T Y T F N A H Y S N
F E I I Y N T X T O D O I T T Å
A N M M E E O T I F U H T S I N
T R E W U T N L O S I R T R Y O
W S T S G T L U A N T F A D A T
O E I F U I E N E E T H G I E I
T E N L M T D E I Å Z U A M I N
```

SIXTEEN	SEXTON
SEVENTEEN	SJUTTON
EIGHTEEN	ARTON
NINETEEN	NITTON
TWENTY	TJUGO
THIRTY	TRETTIO
FORTY	FYRTIO
FIFTY	FEMTIO
SIXTY	SEXTIO
SEVENTY	SJUTTIO
EIGHTY	ÅTTIO
NINETY	NITTIO
HUNDRED	HUNDRA
THOUSAND	TUSEN
MILLION	MILJON

The seven days of the week were named after
the seven celestial bodies that were visible
to the naked eye thousands of years ago.
These are the Sun, Moon, Mercury, Venus, Mars,
Jupiter, and Saturn. See if you can spot
their translations with your naked eye below.

```
Y F M O G W T S S L E W E U Z N
A A R O G A Y S A T U R D A Y A
D N D E G A D R Ö L T N G A E T
I Y R S D P D N R D E A D E S I
L A E N R A F I Ö K D S P G T O
O D U P G U G Ö E S E N L O E N
H S A D A T H E I U E E D A R A
L E E Y D E W T T O H A W Q D L
A N N T S H A Y O E Y E L A A D
N D M Å N D A G R A L S O H Y A
O E A E O D K T S G Z I Ö T K G
I W V G N A Y A D I R F C C X C
T O M O R R O W A G D E E R N N
A D M A H J S T G Å H V Z E S F
N O G R O M I E P R W M T Ö J Y
E A Ö O A T H M D L Z E P Å E I
```

MONDAY	MÅNDAG
TUESDAY	TISDAG
WEDNESDAY	ONSDAG
THURSDAY	TORSDAG
FRIDAY	FREDAG
SATURDAY	LÖRDAG
SUNDAY	SÖNDAG
WEEKEND	HELG
NATIONAL HOLIDAY	NATIONALDAG
TODAY	I DAG
TOMORROW	I MORGON
YESTERDAY	I GÅR
WEEK	VECKA
DAY	DAG

The Roman calendar originally had ten months, which explains why September, October, November and December are based on the latin words for seven, eight, nine and ten. Search for the months and their translations below.

```
U I Y W O N F W U N D R N A E H
N A L J H C S E P T E M B E R T
M A U G U S T C B B I E T E E L
L L J I T N A O M R L Å B E B V
I G A D R P I E B I U M S U M S
T Å W B R A V L R E E A Y E E Å
N T M I H O U P A V R R R T C H
C A L E N D A R O E V C A Y E S
A N P K O E W N B V N H U S D E
I Å A L R F M Y E A R N H M P
T N U L T Å E A R S F C A A Y T
C U G E U C D B R O E A J A H E
D J U N E L L A O C L T X D Y M
O E S D O C M O N T H O E G U B
D O T E H D O D N Å K H V Y R E
A Å I R A U N A J E M O W S L R
```

JANUARY	JANUARI
FEBRUARY	FEBRUARI
MARCH	MARS
APRIL	APRIL
MAY	MAJ
JUNE	JUNI
JULY	JULI
AUGUST	AUGUSTI
SEPTEMBER	SEPTEMBER
OCTOBER	OKTOBER
NOVEMBER	NOVEMBER
DECEMBER	DECEMBER
CALENDAR	KALENDER
MONTH	MÅNAD
YEAR	ÅR

The seasons are caused by the tilt of the Earth as it orbits the sun. For part of the year the sun shines longer on one hemisphere resulting in summer. Tilt your head and search for these words related to time and the seasons below.

```
N A T T S Ö H Å R T I E H L T R
G I P H I M S D K D W T O L Å D
A C O G S M N E T L A U G I K O
D F E I U O M R K S K N Å A M S
D E T N C B E E P U U I Å O G K
I Å D E T Y S R R S N M U T U A
M R S D R U I O I S W D M A E Q
R H G N I N R O M H T O E E N Å
E U W O G T O Y H M F E A O R O
T N L I Ö D U O A G A D G Y A A
F D I T N M B N N V T R W A E S
E R Å R Å T O M I H O U R Ö Y O
Y A D Å A R E N E M Å Å E B Å E
A D A N Å M T R T T V G H D N C
Å E D A C E D E P H T U I S E A
H I E E R H H I T R D E A V N S
```

WINTER	VINTER
SPRING	VÅR
SUMMER	SOMMAR
AUTUMN	HÖST
SECOND	SEKUND
MINUTE	MINUT
HOUR	TIMME
DAY	DAG
MONTH	MÅNAD
YEAR	ÅR
MORNING	MORGON
AFTERNOON	EFTERMIDDAG
NIGHT	NATT
DECADE	ÅRTIONDE
CENTURY	ÅRHUNDRADE

The three primary colors are red, green and blue. These three colors can be combined to create an astonishing variety of color. Astonish yourself by finding these translations in the grid below.

```
T I E T E Ö M A G E N T A T E L
O C A I S H A T N E G A M U F D
I I V N I S G W O L L E Y C R W
D L R Ö Å C I R M P U G T K N G
M L T Ö E R N E E R G N C I Z O
T X H E C T E Å E U T A A G H I
E T J K A T I V L P L R N Y O W
S A B O N O L H P B E O A D C W
Q Å Ö Ö A I U L D V L I Y V Å O
D E R D S L P I L Å N U C E S R
A G R Å E E R I I A O Y E R G A
U S H X E B S S A L N B R O W N
H E O A O U Ö F U I T O L E U G
A Ö Ö N Y I P L A L S D H R U E
A N U H C N A L E A I L B L Ö E
D S A T R V E A A M Å A D O A D
```

BLACK	SVART
BLUE	BLÅ
BROWN	BRUN
CYAN	CYAN
GOLD	GULD
GREY	GRÅ
GREEN	GRÖN
MAGENTA	MAGENTA
ORANGE	ORANGE
PINK	ROSA
PURPLE	LILA
RED	RÖD
SILVER	SILVER
WHITE	VIT
YELLOW	GUL

SHAPES

A dodecagon has 12 sides, while a megagon has a million sides, at which point it is essentially a circle. Time to think outside the box and find these 2D and 3D shapes in the puzzle below.

```
D G N I N R Ö H X E S A A T L T
R E N O C L E G N A T K E R O D
U M K F G R X I R T S L T E I I
D Y E G A A N R Ä J T S D M P N
R Y F U Ö D T E T L V I A L O O
T N Q B E F I N R F A R D E L G
K S P Ä U C A M E M Y V S G E O
Ö X H Ä O K D C A P E A O N K T
Ö S R E R I Y N N R Ä L I A R K
Q P Ä Y X L T E O Ö Y L C I I O
G H F W I A I R G M Ä P A R C E
Y E S N S V G M A X A N T T I D
T R D C S O N O T T G I A Y S C
R E D N I L Y C N L S G D C U N
R E C T A N G L E I O T B B R E
E T G E A I N E P N N T E H M R
```

CIRCLE	CIRKEL
CONE	KON
CUBE	KUB
CYLINDER	CYLINDER
DIAMOND	DIAMANT
HEXAGON	SEXHÖRNING
OCTAGON	OKTOGON
OVAL	OVAL
PENTAGON	PENTAGON
PYRAMID	PYRAMID
RECTANGLE	REKTANGEL
SPHERE	SFÄR
SQUARE	FYRKANT
STAR	STJÄRNA
TRIANGLE	TRIANGEL

Our face is the most expressive part of our body. We can convey a variety of emotions with the 43 muscles we have in our face. Below are some words related to your face and head.

```
Ä R Ö E G A E O T O E H Ö N Ö Å
N I X L I Ö A O L C H C R G Z I
I S T E V N S J T A N N A P I N
H E S G N I E H E S O N C F D H
R E Ö C A L R H X Ä S T I A C I
A E A S Ä N Z T S I R T I U S O
S N N P Ö Z M W K D E Å E D I A
N N P H E H H T O N N C A Ä I I
A A Ä E T Å E O R I Å U S A Ä M
R R L U R E Y A H K Ä G M M I E
F Z Å G E Y E C D U W B O D Å H
N T S N D I B T H E V U I W H N
O Ö G O N B R Y N E T U N G A L
G S Z T Ä F O R E H E A D K I O
Ö M P Ä T E W E D N A K A P R I
C E Y E L A S H E S D H S Z A R
```

CHEEK	KIND
CHIN	HAKA
EAR	ÖRA
EYE	ÖGA
EYEBROWS	ÖGONBRYN
EYELASHES	ÖGONFRANSAR
FACE	ANSIKTE
FOREHEAD	PANNA
HAIR	HÅR
HEAD	HUVUD
LIPS	LÄPPAR
MOUTH	MUN
NOSE	NÄSA
TEETH	TÄNDER
TONGUE	TUNGA

The human body is a remarkable thing, with hundreds of specialized parts that we take for granted every day. Here is a list of some important parts of the body to remember.

```
N E R Ö T I D T H L W I A D I Ö
K S H H S T A O N E R N M Ö E S
L A M T R H L B F U T L D M X K
Ö W Ö I Q S O E D K W F C K F U
E M T E G M A U E V O I Ö I S L
R N D T W A N W L N B N N H Ö D
H P E O R P F Y D D L G E A V E
D Ö M L E H I L N A E E T B O R
H D P E O S R T A R A R G T I B
W A A P F W T W H J Å U S Ö Å L
T E P Å P H R A D V R N F Z H A
U M Å I T O F I T U I O A I G D
M E A D H N M S S P O D I M N A
M T Å R U R Ö T P T O N R A N E
E G Å B M R A L E X A A H I I Å
E D A L B R E D L U O H S U Å W
```

ARM	ARM
ELBOW	ARMBÅGE
FINGER	FINGER
FOOT	FOT
HAND	HAND
HIP	HÖFT
LEG	BEN
NIPPLE	BRÖSTVÅRTA
SHOULDER	AXEL
SHOULDER BLADE	SKULDERBLAD
THUMB	TUMME
TOE	TÅ
WAIST	MIDJA
WRIST	HANDLED

Skin is the largest human organ and is approximately 15% of your body weight. Search for these other parts of the body and their translations in the puzzle grid below.

```
K F I N G E R N A G E L K N A U
C Å L G A D Ä Ö G E I E S D T S
A M D Ä O C N Q O L N H F B B Ö
B U T T O C K S O D Ä D I E E A
H A L S E T A E T A A H V I O Å
H O Q I K L G L K W H L K U A E
T S Ö R B N T E F N A C M N Y A
O R O V E T A I A K E P K P D I
X P E M H I L V P N W E M U O R
P L L I E L E A E M E E N U B I
R F G S W L S H T L R D S X R S
Ö H R E Å B A F O R E A R M E S
T U T R I A S S A R M H Å L A E
W S A O A K L T A O R H T I S S
N K S L I A N R E G N I F T T I
V E E N S O M A O S F R O T Ä E
```

ANKLE	VRIST
ARMPIT	ARMHÅLA
BACK	TILLBAKA
BODY	KROPP
BREAST	BRÖST
BUTTOCKS	RUMPA
CALF	KALV
FINGERNAIL	FINGERNAGEL
FOREARM	UNDERARM
KNEE	KNÄ
NAVEL	NAVEL
NECK	NACKE
SKIN	HUD
THIGH	LÅR
THROAT	HALS

Our internal organs regulate the body's critical systems, providing us with oxygen and energy, and filtering out toxins. Check out this list of squishy but important body parts.

```
E E K D O N T D T T Ö Ö D U Ö E
Ö Q I N I M A L U N G S L A H N
B N D O L B R A I N E O E M A I
E R N N G Å R A S E X E T U M T
P T E N I T S E T N I L L A M S
V B Y R E T L D X N D T Ä P Z E
E S L R Ä C V I M T N M J O S T
I A I O S T D O R F E U M T D N
N E N U D N R A A A P S T O M I
S R M I E Å E A T J P K O A H E
H C D P H H D Ä K I A L G D L G
J N P O J V E R C Å B E S U I R
Ä A E Ä H C A M O T S R N S I A
R P R E V E L H J R U G O R E L
T N L E T R Ö K T T O P S K U B
A D A T X L I V E R U J N S H E
```

APPENDIX	APPENDIX
ARTERIES	ARTÄRER
BLOOD	BLOD
BRAIN	HJÄRNA
HEART	HJÄRTA
KIDNEY	NJURE
LARGE INTESTINE	TJOCKTARM
LIVER	LEVER
LUNGS	LUNGOR
MUSCLES	MUSKLER
PANCREAS	BUKSPOTTKÖRTELN
SMALL INTESTINE	TUNNTARM
SPLEEN	MJÄLTE
STOMACH	MAGE
VEINS	BLODÅDROR

The Earth is an enormous place that time has divided up into continents and oceans. Take some time and memorize these words that define our Earth.

```
R N O R T H A M E R I C A N P A
O E T T P N O R T H P O L E A T
K P A A U A O T E A Y H A L I L
E O T S F N C R K E E U R O P A
Q R N I I E N I D A E A S P E N
U U B T O A R Y F A C A A D L T
A E O K I E A R T I M A S Y A I
T C H R M N I T R A C E H S F C
O N I A I C E E N H A O R A R O
R V D T A E M N E E T K C I I C
A Y S N C A I W T M N E B E K E
S O E A H R E S M G M I W I A A
I V E T E V A H A L L I T S A N
E I U L S O U T H P O L E N A K
N O R D P O L E N E K V A T O R
S A A I R N E T N A L T A H R C
```

AFRICA	AFRIKA
ANTARCTICA	ANTARKTIS
ASIA	ASIEN
ATLANTIC OCEAN	ATLANTEN
CONTINENT	KONTINENT
EQUATOR	EKVATOR
EUROPE	EUROPA
NORTH AMERICA	NORDAMERIKA
NORTH POLE	NORDPOLEN
PACIFIC OCEAN	STILLA HAVET
SOUTH AMERICA	SYDAMERIKA
SOUTH POLE	SYDPOLEN

Time to zoom in and take a look at some
geographical features that make up our planet.
Fly over mountains, forests and glaciers as
you reflect on the beauty of nature.

```
O A N S T Ö S H C H O W E M D W
R V O L C A N O N R M Ä S O E F
B E A C H C Ö I H Ö C I T Y O C
E R I S I R S T A D O D A R R O
G L M C E L B E V D A E E A G R
I L X T A T A O Ö C S S T R E A
L A A N X L T O C N T E T T E L
A R D C A R G O M E R R E Ä C R
K O Y H I K L R D N A T M E D E
E K C V N Ä L M E S N N R A O E
G I E H A F R U X B D U A O F F
A R M D A H H H V T Ä D J A E Ä
E G O K S D Ä T E G Ö E E U O N
H L D V U N I E I K Ö Ö I Z E H
F M F Ö C S J Ö E S T L Ä L I O
Z K S N I A T N U O M F E D C F
```

BEACH	STRAND
CITY	STAD
COAST	KUST
CORAL REEF	KORALLREV
CRATER	KRATER
DESERT	ÖKEN
FOREST	SKOG
GLACIER	GLACIÄR
ISLAND	Ö
LAKE	SJÖ
MOUNTAIN	BERG
OCEAN	HAV
RIVER	FLOD
SEA	HAV
VOLCANO	VULKAN

Today's weather forecast shows a 100% chance of learning some important weather terms.

```
S A A B R D T E S P T N A S A X
U C A O S T Å F H Ö Ö B S M C N
Ö S U Å E O O D H S U L A Ö I A
O H A Y M Y I D T D O I E L Y U
T C A Å N E S O T T R X B I I V
D H Ö N I F A V F U K T I G Ö M
M Ö U O E D I A G K A L L H E E
R S E N U D I R I I N R U T H T
A I G I D X Y M O L L R A N G Ö
W C Å B F E Q D M H R O I I I T
W O B N I A R I U I S I S N N Q
I L N H V A R M C O G Å G G L O
L D G S N Ö I A R V L E S S O R
G P E H Y D N I W B R C Z K M F
B A R O M E T E R T R Y C K A P
G T D T C I R T E M O R A B I L
```

BAROMETRIC pressure	BAROMETERTRYCK
CLOUDY	MOLNIG
COLD	KALL
FOG	DIMMIG
HOT	VARM
HUMID	FUKTIG
HURRICANE	ORKAN
LIGHTNING	BLIXT
RAIN	REGN
RAINBOW	REGNBÅGE
SNOW	SNÖ
SUNNY	SOLIG
THUNDER	ÅSKA
WARM	VARM
WINDY	BLÅSIGT

AFRICAN ANIMALS

Let's go on a word safari to search for some of Africa's most famous animals. Elephants and lions are hiding somewhere below.

```
B Ä A D Z H H Ä N T I D U R Ö E
A A R E E B Å O S T R I C H L I
U Å B R B E O Ä Ä A S D G E N M
Å G E I R B H T P O Ä R F T B Å
R R Z P A D G O H T R A W H H S
H G E B O N E L I O N P L O C U
P S N L D L W Å A T T E A H K M
O O F I E N E V T L I G I B F A
M R L L N P Å T H G L M G L F T
H E S I H R H D N E P I I E A O
Y C T Y T A Ö A R A N Y R J R P
E O E S T N Ö H N A Å H A O I O
N N V E Z T A S S T P N F N G P
A I E N A L L I R O G O F O E P
N H E O C H I M P A N Z E E H I
C R A B S T R U T S Z D P L P H
```

ANTELOPE	ANTILOP
BABOON	BABIAN
CHEETAH	GEPARD
CHIMPANZEE	SCHIMPANS
ELEPHANT	ELEFANT
GIRAFFE	GIRAFF
GORILLA	GORILLA
HIPPOPOTAMUS	FLODHÄST
HYENA	HYENA
LEOPARD	LEOPARD
LION	LEJON
OSTRICH	STRUTS
RHINOCEROS	NOSHÖRNING
WARTHOG	VÅRTSVIN
ZEBRA	ZEBRA

17

A recent study estimated that there are approximately 8.7 million different species of life on Earth. Below are just a few examples for you to learn.

```
T L Z M T V Ä R R D P H O H A I
G H L A S A K A N G A R O O E I
Ö O C F G I B U S I S B J Ö R N
F F L S L B H G R A V L E M A C
M O H L I L O A N T M M I O E N
Z Ö B T T R W J I I O K U H B A
F Ä Y T N T N G B G U N E L R I
L F M L Ä N E L E E S G F Ä A Ä
A J N P A R K N N R E L N L L F
D A L I D Ä O T K H E X L E O G
D G A N N O A T T E G H M S P W
E U M G B A J N E A D A F O X N
R A U V O A K T T P K U I O Y R
M R L I B D Q N N N A R Z M I L
U U E N Ö S H D E R D V A T D E
S B S D S A F F L L U P J E P I
```

BAT	FLADDERMUS
CAMEL	KAMEL
CAT	KATT
DOG	HUND
FOX	RÄV
JAGUAR	JAGUAR
KANGAROO	KÄNGURU
MOOSE	ÄLG
MOUSE	MUS
MULE	MULA
PENGUIN	PINGVIN
POLAR BEAR	ISBJÖRN
RABBIT	KANIN
TIGER	TIGER
WOLF	VARG

Another study estimates that approximatley 150-200 species are going extinct every 24 hours. Find the animals below before they disappear forever.

```
K E S D Y A L G G U V E F R O G
E N N C P L S V A R T B J Ö R N
A L U I A S Ä I K M U S S O P O
L M I M P P K O F N S N D E I W
E A A D P U U U H E U A A L G L
R H L L O I C N N D E K S U G R
R B E B U K H R G K Ä E S N S B
R U E L I D O C O R C B A O V Å
N X S A P E Z R E P Å T R O I A
S A Q C V Ö R V K O U T Å C N E
E A U K C E Ä E G G A T T C M P
X A I B T B R O N N I E T A R U
H O R E U A N A T U G N A R O R
T K R A Ä N R Ö J B T T Ä V T E
D A E R R O K E D R O J R E D Ä
L E L A Ä E L O E E F C F Å D H
```

BEAVER	BÄVER
BLACK BEAR	SVARTBJÖRN
CHIPMUNK	JORDEKORRE
CROCODILE	KROKODIL
FROG	GRODA
LLAMA	LAMA
OPOSSUM	PUNGRÅTTA
ORANGUTAN	ORANGUTANG
OWL	UGGLA
PORCUPINE	PIGGSVIN
RACCOON	TVÄTTBJÖRN
RAT	RÅTTA
SKUNK	SKUNK
SNAKE	ORM
SQUIRREL	EKORRE

The blue whale is the largest animal on Earth. It's heart is the size of a car and can weigh as much as 50 elephants.   Search the depths of the puzzle below for some other fascinating sea creatures.

```
V N B O M W S S O R L A V S H E
E D E R A G G U H K C Ä P S E M
B A T C S D W S P O I N Q K I N
E N L A Ö Q I T O O A R S E E N
L R O S A F U A E W T I Y Ö G O
E Ä B E R R H I H N F C R N T S
S J S A T W Ö A D K A N O D H H
L T T L N A J S C S A M W K A A
A S E I C S E Ä J H F V S Ö G R
Q Ö R O R L L Ö I L T I P R G K
A J T N A B L Ä C K F I S K K R
G S A H B E Y A R E M M U H A A
T F W I J A F T V E S X R L S B
E A I O E N I F L E D T L E F B
N A N E O A S K Ö L D P A D D A
A R D O L P H I N S Ö L W L N D
```

TURTLE	SKÖLDPADDA
CRAB	KRABBA
DOLPHIN	DELFIN
FISH	FISK
JELLYFISH	MANET
LOBSTER	HUMMER
OCTOPUS	BLÄCKFISK
ORCA	SPÄCKHUGGARE
SEA LION	SJÖLEJON
SEAL	SÄL
SHARK	HAJ
SQUID	BLÄCKFISK
STARFISH	SJÖSTJÄRNA
WALRUS	VALROSS
WHALE	VAL

Are you married? Do you have any siblings?
Here is a list of terms that will help you to
describe your nearest and dearest

```
A T R E D A S R B L W S I E C D
S I N E Ö Ä U S E A J L I M A F
N Y I J W Ä I N H T R E H T A F
G U S O N S S G N K T N Ö M E T
R S F T T T L J T E S O I O M Ä
A O A E E E N F Ö R Ä L D R A R
N O R O M R O M H B Y B M E U E
D E F B R E A I T I R N H D Ä H
F A A E R E H F Ä O C O A O R T
A W R B C A T E R Ä H E D M D O
T E E S R N F S E E I W I E M M
H H D X O O O D O O L N I O R D
E P A R E N T S V M D C T B K N
R E F D A U G H T E R H N E E A
A N I E C E F T E S E T U U A R
E S Y S K O N B A R N S A E N G
```

AUNT	MOSTER
BROTHER	BRODER
CHILDREN	BARN
DAUGHTER	DOTTER
FAMILY	FAMILJ
FATHER	FADER
GRANDFATHER	FARFAR
GRANDMOTHER	MORMOR
MOTHER	MODER
NEPHEW	BRORSON
NIECE	SYSKONBARN
PARENTS	FÖRÄLDRAR
SISTER	SYSTER
SON	SON
UNCLE	FARBROR

Here are some more family members that you might be particularly fond of (or perhaps not)

```
F W S V Ä R S O N R A B N R A B
W A L N I R E H T O R B E H P D
Ä L T H S S B E B I S T O O R Ä
I N E H A I Å Ä E A T D J S S G
O I F M E K S V O O L K N E V E
E R I Y A R S T D N E Y L A Ä H
E E W A L N I R E H T O M B R S
F T H E N I Ä N E R E R D A M G
C H M U Q V S Y L G I Å A R O S
N G N I S U O C G A Ä N S N R V
C U F V V B E O O X W V L B B Ä
A A L G Å W A L N I N O S A T R
E D I O G B H N F N I O B R W F
Ä R C I E X Q O D R S Y T N O A
L Ä K G R A N D D A U G H T E R
R M A E N R D R E Y K Ä E H O S
```

BROTHER-IN-LAW	SVÅGER
BABY	BEBIS
BOY	POJKE
COUSIN	KUSIN
DAUGHTER-IN-LAW	SVÄRDOTTER
FATHER-IN-LAW	SVÄRFAR
GIRL	FLICKA
GRANDDAUGHTER	BARNBARN
GRANDSON	BARNBARN
HUSBAND	MAN
MOTHER-IN-LAW	SVÄRMOR
SISTER-IN-LAW	SVÄGERSKA
SON-IN-LAW	SVÄRSON
WIFE	FRU

Actions speak louder than words. Here is a
list of common verbs that you might encounter
in your travels.

```
R A R Ä B T T A R Ö H T T A A D
A T T T Ä N K A P E S Y A T L N
A T O B E R T O R E A D T P A A
A S T F S S A D O P E V E N T O
E J Ä F O T T E O C A L P A E X
R U L L R L I T H R O R S K B N
A N Y Ö T Å L T A O E T S O T M
R G E D F T G O R V T A K E T E
G A T T Ä T A A W O T O E G A V
K N I H T O T R C T I I F N V E
W N I A A T G A V E A E E A O N
Ö H E S L D R Ä W S W Ö E H S N
N O G A O R N W N K O D S C T B
T L G R Y T K S A O T E O O T E
O A I H A R D N Ä R Ö F T T A F
E I G S Ä C Å R T N N N E N E Ö
```

TO ASK	ATT FRÅGA
TO BE	ATT VARA
TO CARRY	ATT BÄRA
TO CHANGE	ATT FÖRÄNDRA
TO COOK	ATT LAGA
TO EAT	ATT ÄTA
TO FOLLOW	ATT FÖLJA
TO HEAR	ATT HÖRA
TO PAY	ATT BETALA
TO READ	ATT LÄSA
TO SEE	ATT SE
TO SING	ATT SJUNGA
TO SLEEP	ATT SOVA
TO THINK	ATT TÄNKA
TO WAIT	ATT VÄNTA

There are thousands of verbs in use today.
Here are some more popular verbs to practice.
Find the translations below.

```
A Y T A T T S Ö K A E F T E R O
Ö T O K P O L H C A L S L V D R
A O T C N L D N I F O T A O N O
H S A I E L Ä R Å W T H T L A F
H E K R H L T J I P L E H O T K
I L E D A T S O H N H S A T S O
L L Å T T N T Ö C T K T K O R O
Ö E T T O A W A T O T R A V E L
R T A A S G T O R S M A K E D O
A H M S P R V T Ä Ö M E S A N T
U S T Å E Ä Ö L J M G Å L P U O
T Ö T H A R J F O O A T Ä W O W
A L H R K A T K T F B T T N T O
E S O L C O T T Ö T M B T A H R
E V A H O T R B A I A S A H Ä K
A T T T A L A T T S T Ä N G A E
```

TO CLOSE	ATT STÄNGA
TO COME	ATT KOMMA
TO DO	ATT GÖRA
TO DRINK	ATT DRICKA
TO FIND	ATT HITTA
TO HAVE	ATT HA
TO HELP	ATT HJÄLPA
TO LOOK FOR	ATT SÖKA EFTER
TO LOVE	ATT ÄLSKA
TO SELL	ATT SÄLJA
TO SPEAK	ATT TALA
TO TAKE	ATT TA
TO TRAVEL	ATT RESA
TO UNDERSTAND	ATT FÖRSTÅ
TO WORK	ATT JOBBA

Languages typically have a mix of regular and irregular verbs. A regular verb has a predictable conjugation. An irregular verb has a conjugation that does not follow the typical pattern. In English, many of the most common verbs are irregular.

```
A  T  T  K  Ö  P  A  T  T  V  I  L  J  A  E  I
E  V  A  E  L  O  T  V  O  E  Ä  X  A  R  G  O
W  A  T  M  V  S  E  T  I  B  S  W  N  Ä  T  A
O  T  T  N  Ä  L  V  T  O  R  U  N  N  L  T  A
O  Ä  Ö  T  A  E  I  E  M  W  K  Y  U  T  A  R
T  S  P  A  G  W  G  T  C  M  R  S  K  T  V  T
I  R  P  T  Z  Å  O  A  D  N  V  I  T  A  A  W
A  A  N  M  Ä  L  T  T  A  S  A  V  T  T  R  T
C  Z  A  Z  E  O  O  T  M  L  E  D  A  E  A  O
T  O  B  A  K  O  O  S  E  T  N  U  O  H  S  Å
E  M  R  N  P  G  N  P  A  Å  O  Y  B  T  K  Ö
N  N  O  E  O  A  S  R  T  O  W  A  L  K  Y  D
L  W  N  A  T  T  S  I  Å  E  H  L  N  D  L  N
Y  Z  A  T  T  D  A  N  S  A  T  P  P  N  D  Y
H  O  G  A  E  Å  T  G  D  I  W  O  H  Ö  I  G
A  Å  O  T  E  L  B  A  E  B  O  T  D  N  G  S
```

TO BE ABLE TO	ATT KUNNA
TO BUY	ATT KÖPA
TO DANCE	ATT DANSA
TO GIVE	ATT GE
TO GO	ATT GÅ
TO KNOW	ATT VETA
TO LEARN	ATT LÄRA
TO LEAVE	ATT LÄMNA
TO OPEN	ATT ÖPPNA
TO OWE	VARA SKYLDIG
TO PLAY	ATT SPELA
TO RUN	ATT SPRINGA
TO WALK	ATT GÅ
TO WANT	ATT VILJA
TO WRITE	ATT SKRIVA

One of the greatures pleasures of travelling to another country is sampling the local cuisine. Study the word list below so you can order with confidence.

```
I R H D A L L A S G N H Ä Ä Y I
E R E K A S N Ö R G T R Ö C E T
N W D T O L B T K Ä S O T S C C
C Ö S C T R K L Ö J M Ä E T L E
N H K I Ö U I O I Ä T E E H T N
F E B D R M B C H M H S I G O N
R S T F N E J R E C E E D O W C
U K Ö T T P I Ö E O A H O A H H
I R E T A W W H L L C Y E O T O
T T Ö S H V T S E A H B D D W C
O S T A E M S E T U F S A T D O
L A A O V S T U S O L G L D P L
H A E S T D E D G E O G A A K A
T C P H F N T A T A U E S Ö H T
W A R I J T Ö S M Ö R T A H H E
A S M I C E S E L B A T E G E V
```

BREAD	BRÖD
BUTTER	SMÖR
CHEESE	OST
CHOCOLATE	CHOKLAD
EGGS	ÄGG
FLOUR	MJÖL
FRUIT	FRUKT
MEAT	KÖTT
MILK	MJÖLK
PASTA	PASTA
RICE	RIS
SALAD	SALLAD
SUGAR	SOCKER
VEGETABLES	GRÖNSAKER
WATER	VATTEN

Want more? You have quite an appetite (for learning). Feast on this delicious buffet of mouth watering words.

```
E J D G T N R G I C E C R E A M
K T C H I C K E N T C E W N L H
Y H N N L U S J O U P I S R U T
C O S O R Å Ä I T P N Ö L R E N
K Ä G E O F L B E E R O G M Ä Q
L D Y H O Ö F P N P U M H T Y R
I Ö U P U E L I A P E I E Å S O
N C A K E R V C B A E E E A U B
G T Å B L Ä T D I R Z I C D R N
E K E S A Y Ö Y E D E T O E X I
A I A E W T T L E W B B P M B U
F P G K Å A R L H M E U N E Ö Å
S M P R A I J U A N O E R Ö T V
O M T O S S A L G S T A L T R N
Ö A I P S E I K O O C D Å Å F O
T L A S P I H O N E Y S T I E Å
```

BEEF	BIFF
BEER	ÖL
CAKE	TÅRTA
CHICKEN	KYCKLING
COOKIES	KAKA
HONEY	HONUNG
ICE CREAM	GLASS
LAMB	LAMM
OIL	OLJA
PEPPER	PEPPAR
PORK	FLÄSK
SALT	SALT
SOUP	SOPPA
WINE	VIN
YOGURT	YOGHURT

FRUIT 1

A fruit is the part of a plant that surrounds the seeds, whereas a vegetable is a plant that has some other edible part. Tomatoes, cucumbers and peppers are three examples of fruit that are often classified as vegetables.

```
I M M Z E T A N A R G E M O P L
T Ä F A A K I S R E P Y W G L N
W I G L J O R D G U B B A R O A
S E U G E E L G F O R E T L M L
O A J R P G P G G T V J E W M N
K Ä N L F L N R O P I M R M O Ä
I V U A A E A A I G N N M M N W
R M N N N P P N R E D O E V T E
P O T O E A E A T O R L L S P P
A R E S L A P T R A U E O F E I
P A S A P E A Ä L G V M N H A B
R N D P F V M P R N O R T I C N
I G L R A E P P H O R T E A H Å
C E U R Ä B Å L B C N W Ä S L L
O K B L U E B E R R I E S Ä H I
T A O I S E I R R E B W A R T S
```

APRICOT	APRIKOS
BLUEBERRIES	BLÅBÄR
EGGPLANT	ÄGGPLANTA
GRAPEFRUIT	GRAPEFRUKT
GRAPES	VINDRUVOR
LEMON	CITRON
MELON	MELON
ORANGE	ORANGE
PEACH	PERSIKA
PEAR	PÄRON
PINEAPPLE	ANANAS
PLUM	PLOMMON
POMEGRANATE	GRANATÄPPLE
STRAWBERRIES	JORDGUBBAR
WATERMELON	VATTENMELON

There are more than 7000 different varieties of apples being grown around the world today. Check out our produce section below for some more fresh and tasty fruit.

```
S Q U A S H R B Ä E P R J M P G
E E V N O K I F O N E H N R R Z
I N G I F R S H D E A R A Ö Ä E
R E E K P H A Ä P P L E N D B E
R A S P B E R R I E S P A P N E
E E F M U S N C Ä A E P B A R E
B M P U K O E D K P F E N P Ö D
K I T P L Ö L I P G N P I R J T
C N O L E C R A R Ä E D N I B H
A I A T I P R S T R A E I K I P
L H P S A M N M B N E R H A G A
B C P P K M E E A Ä A H C J P M
E C L N C L O N E H R C C M H O
T U E T O M A T X R S Q U A S H
G Z I N R B S K P F G P Z T T W
H H Y E L L O W P E P P E R I A
```

APPLE	ÄPPLE
BANANA	BANAN
BLACKBERRIES	BJÖRNBÄR
CANTALOUPE	NÄTMELON
CHERRIES	KÖRSBÄR
FIG	FIKON
GREEN PEPPER	GRÖN PEPPAR
LIME	KALK
PUMPKIN	PUMPA
RASPBERRIES	HALLON
RED PEPPER	RÖD PAPRIKA
SQUASH	SQUASH
TOMATO	TOMAT
YELLOW PEPPER	GUL PAPRIKA
ZUCCHINI	ZUCCHINI

A 2013 study estimated that up to 87% of people in the United States do no consume their daily recommended portion of vegetables. Here is a list of vegetables that you should probably be eating more of.

```
Y U N Ö Ä E P I E E T T I D O G
O R O T R Ä A N Ö R G V W N V Ä
G R E A S P A R A G U S I I H H
K E T L R A S I T A T O P V R M
R W E Ä E E E P D I N H E Y O D
O O Å F M C O P I Å C N S R B S
N L S B E E T S N N E H O R S L
Ä F E L A K A A B E A T O I Ö T
R I L L N N T R Å A E C R K L S
T L L Å K M O L B B C R H K E T
S U E K T C P T D O A Å G Ö T A
K A R D C O L Ö L P B D S L T N
O C I O A E R I S A B A O T U E
C F L Å K N Ö R G G A R L I C P
K I H Å S A L L A D G C E V E S
A A R H C C Å L O C E C D E I T
```

ARTICHOKE	KRONÄRTSKOCKA
ASPARAGUS	SPARRIS
BEETS	RÖDBETOR
BROCCOLI	BROCCOLI
CABBAGE	KÅL
CARROT	MOROT
CAULIFLOWER	BLOMKÅL
CELERY	SELLERI
GARLIC	VITLÖK
GREEN PEAS	GRÖNA ÄRTOR
KALE	GRÖNKÅL
LETTUCE	SALLAD
ONION	LÖK
POTATOES	POTATISAR
SPINACH	SPENAT

There's no place like home. Below is a list
of words that are related to house and home.

```
Q S A H J M O O R G N I N I D M
H R E Q H O O E T D X E E L W L
G T E S T G S O V R U M H H A F
A S N T A X E U R E N O C S N S
R E E R O Y R A H D U W T O E W
A P A R T M E N T S E A I D I L
G G S G A R A G E H M B K N T I
E N T Ä G L M U R S G A D R A V
I Ö A E E A L T D U Ä O W T M I
N L K T H W W Ä N R W N T Ö O N
F B E D I N K Ö K E I A G D O G
A O T C A W E M E R M V Ö E R R
R E T S N Ö F G O S Y E E A H O
T A M E T E O O Ä P U S S W T O
K Ä G O T Ö F R I L I F Ö A A M
N E F K N G G Y C M U R D A B Y
```

APARTMENT	LÄGENHET
BASEMENT	KÄLLARE
BATHROOM	BADRUM
BED	SÄNG
BEDROOM	SOVRUM
DINING ROOM	MATSAL
DRIVEWAY	GARAGEINFART
FENCE	STAKET
GARAGE	GARAGE
HOUSE	HUS
KITCHEN	KÖK
LAWN	GRÄSMATTA
LIVING ROOM	VARDAGSRUM
ROOF	TAK
WINDOW	FÖNSTER

It is estimated that one tenth of all furniture purchased in Britain comes from IKEA. Perhaps you have assembled a few of these items yourself.

```
F D R Y E R V A S G E Ö A P H E
Ö T A B L E I V N L O O P O K H
P E K T P T O R K T U M L A R E
P Å D N V A T T A M A E Å C I N
E N A I U Ä Q A U L R R H A S I
N A B A T H T U B A Y A E W T H
S E R T T E C T G B N L I H A C
P O E R E A C U M D Ö M R N L A
I F S U V P S U E A M U T Ä L M
S F S C G M R L A I S T O S K G
T E E H M N I A N F E K N E R N
A T R A X E L G C L B R I Å O I
I O D T R A P P A A I O D N N H
R T N N M O Å O O C G T R S A S
S Y N P O A T O I L E T A D A A
E C A L P E R I F Å D I G E Ä W
```

BATHTUB	BADKAR
CARPET	MATTA
CHANDELIER	KRISTALLKRONA
CURTAIN	GARDIN
DRESSER	BYRÅ
DRYER	TORKTUMLARE
FAUCET	TORKTUMLARE
FIREPLACE	ÖPPEN SPIS
LAMP	LAMPA
SWIMMING POOL	POOL
STAIRS	TRAPPA
TABLE	BORD
TOILET	TOALETT
VACUUM	DAMMSUGARE
WASHING MACHINE	TVÄTTMASKIN

Here is a list of some more common household items and modern conveniences. Search the grid for the words listed below

```
T R T S T P G S K O R S T E N S
A H A H K Y L S K Å P O L L A H
R R N A Ä N E V O I T I W A F A
B E T G L D K S T E R O H G G L
L F N N F T D U S C H O A O N L
Ä R M Ä K R S W D R X R R R I W
N I K S A M K S I D D I S R L A
G G D L T R R O A E E O L E I Y
U E T Ä E I I U R R M E G O E M
S R A J S A V O E A D E N N C P
Å A F P O H B L T D P A M D P I
I T T S L C O T G S G I M O E E
C O O I C T R W A N H S L D Y A
T R T E S E D I E C L V T L T G
T H B I S I N K B R A O A P O E
W F R S R E H S A W H S I D Å W
```

CHAIR	STOL
CEILING FAN	TAKFLÄKT
CHIMNEY	SKORSTEN
CLOSET	GARDEROB
CRIB	SPJÄLSÄNG
DESK	SKRIVBORD
DISHWASHER	DISKMASKIN
HALLWAY	HALL
MATTRESS	MADRASS
MIRROR	SPEGEL
OVEN	UGN
PILLOW	KUDDE
REFRIGERATOR	KYLSKÅP
SHOWER	DUSCH
SINK	AVLOPP

Table setting etiquette dictates that the forks be placed on the left hand side of the plate and knives on the right. Here are some items that you might find on your table, probably in the wrong location.

```
S  T  I  L  L  B  R  I  N  G  A  R  E  M  I  Y
Å  T  A  B  L  E  S  P  O  O  N  E  P  S  A  H
L  Å  Å  S  E  F  S  S  A  L  T  O  M  D  I  R
O  Å  G  B  A  Å  A  A  A  N  U  T  T  A  V
H  N  T  L  D  L  L  G  L  L  G  U  M  A  W  E
T  D  O  L  T  T  G  P  W  G  G  D  T  L  H  F
E  E  T  F  Å  C  S  P  O  O  N  E  P  L  T  I
U  K  T  T  H  K  E  D  B  E  A  I  N  R  H  N
E  S  U  D  E  K  S  E  T  S  T  W  V  I  I  K
M  T  O  D  O  V  Å  L  P  C  P  O  S  K  W  Q
S  A  R  V  S  T  R  O  H  A  R  I  P  I  L  B
E  M  D  E  I  D  O  E  Å  O  G  A  F  F  E  L
O  D  E  N  P  N  R  E  S  O  N  B  N  O  N  E
L  Y  A  E  D  P  K  O  E  M  A  I  I  R  T  T
A  H  T  O  L  C  E  L  B  A  T  T  B  K  A  L
T  H  L  J  X  R  A  P  P  E  P  R  T  T  Y  Å
```

BOWL	SKÅL
FORK	GAFFEL
GLASS	GLAS
KNIFE	KNIV
MUG	MUGG
NAPKIN	SERVETT
PEPPER	PEPPAR
PITCHER	TILLBRINGARE
PLATE	TALLRIK
SALT	SALT
SPOON	SKED
TABLECLOTH	BORDSDUK
TABLESPOON	MATSKED
TEASPOON	TESKED
WINE GLASS	VINGLAS

Time to get out the tool box and do some repairs on our vocabulary. Try to hammer a few of these words and their translations into you brain.

```
S K R U V D R A G A R E E N D R
V Å S K R U V E N I M S Å U W A
Å O G S I E E A G N B U L T T O
H X F A L H Å Å T E E E T A A U
L A E Z I A L J U T T P I T P C
N O M N C M D T Å R E S C R E W
E L I M N M S N P P B N G L M R
T L I O E A G L A A O M P S E O
S I L P P R I C E B L O T A A A
H H E I L E K C Y N T F I K S W
C N V E R N S U L A W T E H U S
N L E S I D W A K I P S Å E R Y
E H L N L S D N Å L E F I M E U
R R G O Å D K Å T D F E L R L M
W A S H E R E V I R D W E R C S
S S K R U V M E J S E L T E C O
```

BOLT	BULT
DRILL	SKRUVDRAGARE
HAMMER	HAMMARE
LADDER	STEGE
LEVEL	VATTENPASS
NAIL	SPIK
NUT	MUTTER
PENCIL	PENNA
PLIERS	TÅNG
SAW	SÅG
SCREW	SKRUV
SCREWDRIVER	SKRUVMEJSEL
TAPE MEASURE	MÅTTBAND
WASHER	PACKNING
WRENCH	SKIFTNYCKEL

Globally there are 1.2 billion pairs of jeans sold annually. That is a lot of denim! Take a look at this list of other common articles of clothing.

```
S U I B A T H R O B E T L Ä B F
O E C E H R Ö A Y I A H O S R A
C V O N D W U X T S K C O S R U
H B Ä H D Ä O K F H T I W O A K
T Q M S S R C G L O V E S N N C
E U B H T E F H F R A C S G A O
I I O G N A Ä I S T R U M P O R
I Ä Y L A S H C E S A E S A A N
T T A H P T A R G H R A T K O O
E S S I L R P A J A M A S C I G
H R L E F Ö Z H J A O D H A H R
T S B E V J A D J C N R O J Ö O
T E T H Ö A L Y D A R E R M A M
A T J S M S P A H Y E S T O D W
H E Ö Ö H T I R N M E S S E K T
S O T S S I H G N I N N Ä L K S
```

BATHROBE	MORGONROCK
BELT	BÄLTE
COAT	JACKA
DRESS	KLÄNNING
GLOVES	HANDSKAR
HAT	HATT
NECKTIE	SLIPS
PAJAMAS	PYJAMAS
PANTS	BYXOR
SCARF	SCARF
SHOES	SKOR
SHORTS	SHORTS
SOCKS	STRUMPOR
SWEATER	TRÖJA
VEST	VÄST

More than 2 billion t-shirts are sold each year! How many of these other items can be found in your closet?

```
N R Ö R Ö H M Å O H O E S A Ä A
B N R S U S P E N D E R S B R A
L O J K F F N P K O S T Y M E N
S Å W S A N D A L E R N B F D Å
E H R T K Ä R D D A B A N L Ä L
G E I E I E O E E H N S R U L N
G B U R D E H W H D R A N G K I
O Ä N U T Ä R A T E L E C A R B
N Å A S T E L B S V C L T T E C
E J S D D S Ä K Ö K O S I S D J
L A R N B A L T L T J U U K N Ä
S Ä U A O Ä S A H D S O S I U E
G Ö N B O Ä C I D M E N R R U Å
N D Ö M T E N R I N O Ä A T J J
Ä T I R S G A W W A A D Z E A S
H C T A W T S I R W G S F W J E
```

WRIST WATCH	ARMBANDSUR
BOOTS	STÖVLAR
BOW TIE	FLUGA
BRA	BEHÅ
BRACELET	ARMBAND
CLOTHING	KLÄDER
JEANS	JEANS
NECKLACE	HALSBAND
SANDALS	SANDALER
SHIRT	SKJORTA
SKIRT	KJOL
SUIT	KOSTYM
SUSPENDERS	HÄNGSLEN
SWIM SUIT	BADDRÄKT
UNDERWEAR	UNDERKLÄDER

The majority of people take less than half an hour to get ready in the morning. Some can be ready in less than 5 minutes, whereas some take over an hour. Here is a list of things that might be a part of your morning routine.

```
L M E K R M O U T H W A S H Ä V
R Ä M Ä C N T U O Ä B M R C R E
D R P A D I H O O P M A H S E T
C K O P K T T Å T U K N G A Y X
O D N Z S E T S H A W B I W R E
N N M I A T U N P Q Ä D T O D T
T A G A M R I P A I Å Y A E R M
A T R E K S A F S R L N N M I U
C O H S U R B H T O O T D U A N
T V Å L A G Å D E M A D B F H V
L E R T B B N H I L S P O R Ä A
E W T M Å A M Y F R A P R E T T
N T O U T S S L V N E W S P D T
S C R E D E O D O R A N T O H E
E Å K S Å S C H A M P O E Z X N
S E R E S N I L T K A T N O K T
```

COMB	HÅRKAM
CONTACT LENSES	KONTAKTLINSER
DENTAL FLOSS	TANDTRÅD
DEODORANT	DEODORANT
HAIR DRYER	HÅRTORK
LIPSTICK	LÄPPSTIFT
MAKEUP	SMINK
MOUTHWASH	MUNVATTEN
PERFUME	PARFYM
RAZOR	RAKAPPARAT
SHAMPOO	SCHAMPO
SOAP	TVÅL
TOOTHBRUSH	TANDBORSTE
TOOTHPASTE	TANDKRÄM

Places to go and people to see. Here are some places that you might visit around town.

```
A A N O I T A T S E R I F Ä I E
E T T Å S W F S J U K H U S S T
R R H M E C I F F O H E S B D E
R A O E A H T L D E F U A S A K
O I S S C T Y T C Y H A R T R R
T N P K H G A I R R D M R A F A
N S I O P M F F O O E T B D V M
O T T L A F U T F S P B S I R R
K A A A O E N E U Ä A R W O D E
T T L T D O C O S R R I I N R P
S I S F K I H M A U T D O A Å U
O O Ä Ä S T U C T O M G Q U G S
P N N N H E A M S Å E E B I D P
E T Å G S T A T I O N O Ä R N E
L E I U B R A N D S T A T I O N
R L M E H Y T T H N I I E D B T
```

AIRPORT	FLYGPLATS
BAR	BAR
BRIDGE	BRO
DEPARTMENT store	VARUHUS
FARM	BONDGÅRD
FIRE STATION	BRANDSTATION
HOSPITAL	SJUKHUS
LIGHTHOUSE	FYR
MUSEUM	MUSEUM
OFFICE	KONTOR
POST OFFICE	POSTKONTOR
SCHOOL	SKOLA
STADIUM	STADION
SUPERMARKET	MATAFFÄR
TRAIN STATION	TÅGSTATION

The weekend is finally here. Where to you
feel like going tonight? Here are some more
places you can visit.

```
T N E T N O I T A T S S I L O P
D E Y T B O I Å H R N D R P E S
U E E C N F F E D G R R E F L I
S N I P A F P H N Å O R S O L M
D O I H S M O A G B A N T T Ä S
C I L V S T R O R H P T A Ä T A
E T A W E U K A O K O A U O S F
M A E L A R H U H T T I R Å E F
E T T T Y L S A R P E E A K F Ä
T S S K H E Å I R Ä K A N F F R
A E B I B L I O T E K N T U A E
R C A L I B R A R Y P O A E K T
Y I N M A H C I M A H O H B R A
V L K E N H N H N H C A S T L E
C O F F E E S H O P L L E T O H
N P T G A U N I V E R S I T E T
```

BANK	BANK
CASTLE	SLOTT
CEMETARY	KYRKOGÅRD
COFFEE SHOP	KAFFESTÄLLE
HARBOR	HAMN
HOTEL	HOTELL
LIBRARY	BIBLIOTEK
OPERA HOUSE	OPERAHUS
PARK	PARK
PHARMACY	APOTEK
POLICE STATION	POLISSTATION
RESTAURANT	RESTAURANG
STORE	AFFÄR
THEATER	TEATER
UNIVERSITY	UNIVERSITET

Road trip time! Hop in your car, turn up the music and hit the open road. Make sure you study this list of road worthy translations before heading out.

```
N A J R G M O T A A I B B U S S
H O N Ä R S T O P P S K Y L T D
T E H O N E D O D B E M P U A S
T R A F F I C L I G H T L T L Ä
E D A A L N T L Ä F R Ö K T P I
E P M F G A S S T A T I O N S E
R A A E I M P A F T R A T E G Z
T R I Ä N K O F P L E K C D N T
S K B L L I I T E M C C O I I A
Y I E A I C L K O U A Y Ö C R U
A N N S T S N O R R S L E C E M
W G S T U E P T S L C O U A K F
E L I B O M O T U A A Y O T R V
N O N I S T O P S I G N C Q A Ä
O T V L M O T O R C Y K E L P G
X O O N O I T A T S N I S N E B
```

AUTOMOBILE	BIL
ACCIDENT	OLYCKA
BUS	BUSS
GAS STATION	BENSINSTATION
GASOLINE	BENSIN
LANE	KÖRFÄLT
MOTORCYCLE	MOTORCYKEL
ONE-WAY STREET	ENKELRIKTAD
PARKING LOT	PARKERINGSPLATS
ROAD	VÄG
STOP SIGN	STOPPSKYLT
TRAFFIC LIGHT	GATULAMPA
TRAFFIC	TRAFIK
TRUCK	LASTBIL

There are many interesting ways of getting from A to B. Which mode of transportation will you choose?

```
A A A V H S A N A B L E N N U T
R E T P O C I L E H C G M B O S
I O Å E S P F E O N A C Å N A O
Y E N A L P R I A V O T A Å T K
R A A J S L L L R W T K H I F R
E P L R U Å U A L E A A U E A A
T O P Ä B B S E R M T I R C S F
P L G F M N S R B R B R E S Q V
O I Y A A N C U A S Y C U Å H Ä
K S L P R A L I B E I B Y C X V
I B F H I A N U J L L H P K K S
L I B D N A R B O O O C N Å E D
E L R S E A Ä P K E B O Y G A L
H C Y A W B U S G N O Å H C A G
Å E Å N O J N R O Å A Y T C I E
Y H O V E R C R A F T T Y T S B
```

AIRPLANE	FLYGPLAN
AMBULANCE	AMBULANS
BICYCLE	CYKEL
BOAT	BÅT
CANOE	KANOT
FERRY	FÄRJA
FIRE TRUCK	BRANDBIL
HELICOPTER	HELIKOPTER
HOVERCRAFT	SVÄVFARKOST
POLICE CAR	POLISBIL
SCHOOL BUS	SKOLBUSS
SUBMARINE	U-BÅT
SUBWAY	TUNNELBANA
TANK	PANSARVAGN
TRAIN	TÅG

Here are some popular languages from around the world. Maybe you already know one or two of them.

```
A K C K R O S C I B A R A H S N
K A O X B D C E V N J K M G A M
S L G R E K I S K A S A R N K H
I A Q H E G N G P N N E H A S A
S K T E E A C A A D E S E I L H
E S A R C B N E A K I E L S O C
M N M K P E R R A L S O O S P N
A A G A S O I E G K P N N U I E
N P N E K N R N I G S A A R A R
T S A T L S E T H S I N A P S F
E H I Y X S Y I U A K D A A A L
I E L S E G K R L G N A E R E J
V B A K S I B A R A U R Z W F W
O R T A Q S D O M E T E A F T M
W E I P O R T U G I S I S K A E
D W E N V I E T N A M E S E N M
```

ARABIC	ARABISKA
ENGLISH	ENGELSKA
FRENCH	FRANSKA
GERMAN	TYSKA
GREEK	GREKISKA
ITALIAN	ITALIENSKA
JAPANESE	JAPANSKA
KOREAN	KOREANSKA
MANDARIN	MANDARIN
POLISH	POLSKA
PORTUGUESE	PORTUGISISKA
RUSSIAN	RYSKA
SPANISH	SPANSKA
HEBREW	HEBREISKA
VIETNAMESE	VIETNAMESISKA

Statistics suggest that the average person may change careers 5-7 times in their lives.
Thinking about a change? Why not try one of these great professions?

```
R N R E S K Å D E S P E L A R E
I E T E P S Y K I A T R I K E R
P X T L T A K O V D A N E N C A
E S D H Ä N I C E Ö N H G M I K
I J Y O G R E D E N T I S T F Ä
N U R C C I A P Ö P N E N N F L
O K Ö P H T F R R E Y W A L O D
T S J I S I O E E A F I M A E N
E K N L O N A R R E C G D R C A
A Ö E O O P I T H I H P N C I T
C T G T O D M C R P F I A H L L
H E N L I R U T K I E L R I O R
E R I E O K C O K A S O B T P I
R S X T F E R E K I R T K E L E
H K C D L Ä K A R E U E Ä C T Y
D A D E Ö U G H O O N O G T H F
```

ACTOR	SKÅDESPELARE
ARCHITECT	ARKITEKT
CARPENTER	SNICKARE
CHEF	KOCK
DENTIST	TANDLÄKARE
DOCTOR	LÄKARE
ELECTRICIAN	ELEKTRIKER
ENGINEER	INGENJÖR
FIRE FIGHTER	BRANDMAN
LAWYER	ADVOKAT
NURSE	SJUKSKÖTERSKA
PILOT	PILOT
POLICE OFFICER	POLIS
PSYCHIATRIST	PSYKIATRIKER
TEACHER	LÄRARE

What did you want to be when you were growing up? Was it one of these professions?

```
D E V F N A I C I T I L O P H S
D R K S N I C I D E M A R A P D
B A Ö T A T T C A R T I S T P O
U T N R I O I I O A E M Y L Ä A
T K E C M S A D E U E B U Ä T O
C A C R E O I E R C N M R H A R
H L P A A R K M H O B T L A Ä N
E S R O A S A A R E T E A N B S
R N M N L C N R R O T T T N E K
A R U A Ö I D A E E S S A O T R
K O S I C E T P D B N I E R E Ä
S L I C R N X I T O R O V S E D
R I K I L T R E K I N A K E M D
O A E S S I N H A E O U B C R A
F T R U Ä S A F L O R I S T H R
B L O M S T E R H A N D L A R E
```

ACCOUNTANT	REVISOR
ARTIST	KONSTNÄR
ATHLETE	IDROTTARE
BARBER	BARBERARE
BUTCHER	SLAKTARE
DANCER	DANSARE
FLORIST	BLOMSTERHANDLARE
MECHANIC	MEKANIKER
MUSICIAN	MUSIKER
PARAMEDIC	PARAMEDICINSK
PLUMBER	RÖRMOKARE
POLITICIAN	POLITIKER
SCIENTIST	FORSKARE
TAILOR	SKRÄDDARE

There are thousands of unique and challenging careers out there to choose from. See if you can locate the following careers in the grid below.

```
Ä U Z B Ö O J U V E L E R A R E
Ä Å A I R E V I R D S U B E E R
T F I S H E R M A N Y O O M R A
E T Y E V E V E T A D L O S Ö T
G A H T E E N B T R E M R A F S
A X R E R A T T Ä S R E V Ö F Ä
R I P E E A N E B R J O R A U M
D C H R I Ä N T R O A E A P A S
E H A A R D Ö S U I V R J O H D
N A R K R E L R L I N E E T C R
E U M S A N N O R A W Ä Ä E S Å
R F A I C A G D S E T N R K S G
H F C F L A I S L I A O A A U D
S Ö I I I X L E D N O B R R B Ä
E R S N A I R A N I R E T E V R
L T T T M K J O U R N A L I S T
```

BUS DRIVER	BUSSCHAUFFÖR
FARMER	BONDE
FISHERMAN	FISKARE
GARDENER	TRÄDGÅRDSMÄSTARE
JEWELER	JUVELERARE
JOURNALIST	JOURNALIST
MAIL CARRIER	BREVBÄRARE
PHARMACIST	APOTEKARE
SOLDIER	SOLDAT
TAXI DRIVER	TAXICHAUFFÖR
TRANSLATOR	ÖVERSÄTTARE
VETERINARIAN	VETERINÄR

In 2015, the New Horizons spacecraft successfully completed the first flyby of dwarf planet Pluto. There is still so much to see and explore in our own solar system. Here are some key words from our celestial backyard.

```
I D E N U A A K D E E O S N L S
A Q I H N E N O N I S R T H S E
B E E O W Z M E S P O U Y U O M
Q D F I R E T I P U J R N N L N
E K R A T E R C T T U R E A A P
N G N U N L T R I C U D E T R Å
E S A E E H U S R T R N E J S U
H U U T P M E E A O Å V U E Y A
O T R N D T M S J M U P I S S S
H J T S A T U R N H I P L U T O
V H V T T R S N V T C Y S E E L
H J H E T I U Q E A R A V I M H
A H M O N A S R A M A I S F T E
S O O N O U C O M E T T R R V L
K U O S O L S Y S T E M A E D G
V E N U S U I R U K R E M W F A
```

SOLAR SYSTEM	SOLSYSTEM
MERCURY	MERKURIUS
VENUS	VENUS
EARTH	JORDEN
MOON	MÅNE
MARS	MARS
JUPITER	JUPITER
SATURN	SATURNUS
URANUS	URANUS
NEPTUNE	NEPTUNUS
PLUTO	PLUTO
SUN	SOL
CRATER	KRATER
ASTEROID	ASTEROID
COMET	KOMET

Here are some musical instruments to get your foot tapping and your hands clapping.

```
T A M B U R I N O I D R O C C A
R R A T I G M Ä Ö S B O L L E C
H X O G J S S A X O P H O N E I
U Ö I M U Ö F Ö S I A I O L N N
M Ö G Ä B I L Ö S R E B L O I O
N E A I O O T F P E M O F N R M
E I T L D L N A E O P O D A U R
R E L E P S G A R D X I D I O A
L T E O P L I T E A E T P P B H
G A P N I M I E S B R E I G M M
F U S A Ä V U S E U I P E B A A
Ä C N I M S T R M T K M G T T B
Ö Ö U P I M E M T C T U F Ö C E
T V M R N U O A Ä T R R E F E A
T U B A T R I S Ä A E T U L F Ö
A L O H H D A R S Ö Ä T S E O Ö
```

ACCORDION	DRAGSPEL
BAGPIPES	SÄCKPIPOR
CELLO	CELLO
DRUMS	TRUMMOR
FLUTE	FLÖJT
GUITAR	GITARR
HARMONICA	MUNSPEL
HARP	HARPA
PIANO	PIANO
SAXOPHONE	SAXOFON
TAMBOURINE	TAMBURIN
TROMBONE	TROMBON
TRUMPET	TRUMPET
TUBA	TUBA
VIOLIN	FIOL

This puzzle might make you happy, angry, or maybe even a little confused. See if you can complete this very emotional puzzle by finding all of the words in the grid.

```
C E S O S N A I D D I A U T Å H
S Ö V R E N Y D D D V E I R T C
U H R D G P Ä W S S R N Ä Q I R
R F E R P R O U D R I E H T N U
P D Y A L S N Ä K T G Ö Å A Ö R
R E H Å C N F T R I H E T U V E
I H E A E C O Ö L O M S Y S E K
S O R S R X O K R O A T Ö B R Ä
E E D F H G C N T V T O U A R S
D E R O B Y O I F N I S F O A V
L Q I I L R O D T I E R C D S L
H B Ä C O N F U S E D R R U K Ä
T L A L W O R R I E D E V A A J
H Y I Ä Å D X D R N H O N O D S
E G E N E R A D A K Å R T T U E
H E E M B A R R A S S E D O Å S
```

EMOTION	KÄNSLA
HAPPY	LYCKLIG
SAD	LEDSEN
EXCITED	IVRIG
BORED	UTTRÅKAD
SURPRISED	ÖVERRASKAD
SCARED	RÄDD
ANGRY	ARG
CONFUSED	FÖRVIRRAD
WORRIED	OROLIG
NERVOUS	NERVÖS
PROUD	STOLT
CONFIDENT	SJÄLVSÄKER
EMBARRASSED	GENERAD
SHY	BLYG

If you are feeling any symptoms of the following conditions it might be time to visit the doctor. When you are feeling better the words below are waiting to be found.

```
T T V E T E N Å A C O U G H D E
T R S U P Q I A E V A A Q I T N
D I A R R H E A U A L Ä A H G G
I A V E K O R T S S L B A N N T
A T Å I R N O I T C E F N I I H
B S Ö N Ä O Ä U D T R A N L N N
E O N F V S Ä O E A G L L Ä D P
T H N E D E A S S A Y A I U Ö Ä
E T I K U B C H N K M G E L L E
S O H T V L Ö R R Å R R E Y B F
T D S I U E F Ö E E R A S S S H
R T P O H E F N L A B I M M Ä I
O S M N V D D L I D Ö E E P N A
K A A E H E A D A C H E F E E E
E S R O P P O K T T A V T A J R
D P C O L D C H I C K E N P O X
```

ALLERGY	ALLERGI
CHICKENPOX	VATTKOPPOR
COLD	FÖRKYLNING
COUGH	HOSTA
CRAMPS	KRAMPER
DIABETES	DIABETES
DIARRHEA	DIARRE
FEVER	FEBER
FLU	INFLUENSA
HEADACHE	HUVUDVÄRK
INFECTION	INFEKTION
NAUSEA	ILLAMÅENDE
NOSEBLEED	NÄSBLÖDNING
RASH	UTSLAG
STROKE	STROKE

Study these maladies so you can develop a healthy bilingual vocabulary.

```
S R A M R K C A T T A T R A E H
I E M N U H O E K E U T V K P Å
E H L E T M J H G C E T T U I H
T C L S K B P Ä T K Y Y E J L H
V A F A A Å I S R N H L U S E J
N H S M R E C Ä Ä T E B O S P Ä
Ä C U T F F M O G E A D A Å S R
D A R S H Å A N N Å S T I P I N
I M I A L M I N I C E I T C T S
M O V B I L A F N V U M U A C K
A T D G S E R S K Ä R S Å R C A
G S R S E R U T C A R F S S B K
O Ä Ä Y S P E L I P E B R I B N
N M I O Y M I G R A I N E U O I
T O N O S U R I V O S P R A I N
O H Ä I Ä F G M V C T N B S T G
```

ACCIDENT	OLYCKA
ASTHMA	ASTMA
BRUISE	BLÅMÄRKE
BURN	BRÄNNA
CONCUSSION	HJÄRNSKAKNING
CUT	SKÄRSÅR
EPILEPSY	EPILEPSI
FRACTURE	FRAKTUR
HEART ATTACK	HJÄRTATTACK
MEASLES	MÄSSLING
MIGRAINE	MIGRÄN
MUMPS	PÅSSJUKA
SPRAIN	VRICKNING
STOMACH ACHE	MAGONT
VIRUS	VIRUS

Here are some basic questions and terms that you might hear frequently used in any language. Why? Because. Find these questionable terms and phrases below.

```
H  I  V  T  T  D  R  S  T  L  J  A  X  S  Z  G
E  W  H  A  T  T  I  M  E  I  S  I  T  H  I  I
V  C  T  T  D  E  O  K  E  I  T  A  E  N  R  M
Ä  A  W  Å  N  S  K  D  S  G  H  H  F  A  S  A
N  N  Z  A  Ö  I  F  C  N  W  O  H  F  E  E  P
E  Y  H  O  T  Y  L  Å  Y  H  W  W  I  T  I  L
H  O  A  S  K  T  L  R  O  M  O  E  H  V  P  Ä
W  U  O  Y  E  R  A  W  O  H  R  S  Z  O  H  J
U  H  Ä  Y  U  N  M  R  U  S  V  U  V  E  U  H
U  E  E  H  O  U  R  R  Ö  H  T  A  H  C  R  U
N  L  O  R  C  H  M  T  O  F  R  C  R  G  M  D
R  P  O  H  E  Å  X  W  O  F  T  E  M  E  Å  N
X  M  H  U  R  Ö  M  E  Ö  H  T  B  W  R  N  A
M  E  V  D  F  A  R  R  I  S  N  N  Ö  W  G  K
V  A  U  A  N  A  K  C  O  L  K  R  Ä  D  A  V
Å  A  T  Y  I  R  A  V  E  G  O  D  D  R  L  Ä
```

BECAUSE	FÖR ATT
HOW	HUR
HOW ARE YOU	HUR MÅR DU
HOW FAR	HUR LÅNGT
HOW MANY	HUR MÅNGA
HOW MUCH	HUR MYCKET
CAN YOU HELP ME	KAN DU HJÄLPA MIG
WHAT	VAD
WHAT TIME IS IT	VAD ÄR KLOCKAN
WHEN	NÄR
WHERE	VAR
WHO	VEM
WHY	VARFÖR

Table for two? Welcome to our Learn with Word Search restaurant. On the menu are the following helpful and delicious restaurant related words. Enjoy!

```
E V T Ä A V T K T E G A D D I M
B C I E L I H H T Y H E O L E A
R A E V P O E E E C D N E N N I
M E N Y I S B U N I O D U A Ö N
E R S F R N I U H B R M P A O C
E A E T S I L E N I W K T T O O
W T A Z R F L I N N I E A D E U
T E O S I O D K S N Ö N T E T R
E R R A O T O R S T K H Ä S N S
W T E T L B E M I E A C A S H E
F I N S T E H P S C R F Y E P D
Ö T N O S C T E P F K V L R B S
I P I K N E M T A A C S I T D O
E A D U I R D S E R V E T T E R
Ö Ö L R T T Ä R D U V U H E Ö E
V S C F L D B T S N W A I T E R
```

APPETIZER	APTITRETARE
BREAKFAST	FRUKOST
DESSERT	DESSERT
DINNER	MIDDAG
DRINK	DRYCK
EAT	ÄTA
LUNCH	LUNCH
MAIN COURSE	HUVUDRÄTT
MENU	MENY
NAPKINS	SERVETTER
RESTROOMS	TOALETT
THE BILL	NOTAN
TIP	DRICKS
WAITER	SERVITÖR
WINE LIST	VINLISTA

After that delicious meal it is time to head back to the hotel and relax. Here is a list of hotel words that might help give you a good night's sleep.

```
L L E T O H U V H A S E R R A A
E P L W E G A G G U L K Ä D E E
O C I E E N R T I Y O U D Y E E
N R I N T E R N E T M D I Y R I
E O E V O O N E N E G D O Z E C
C E I C R L H T T K F N A M P E
I P A T E E Z G T N O A Ä R P U
V B W W P P S Y F I I H U S A U
R N O N A E T M S L B M T T P D
E T O I P I C I O N O E I Ö T E
S Y Ö T T L V E O O K Ä V R T B
M E E W E E T T R N R O S I E T
O N E K L B A G A G E U U N L R
O S C E I F I L T A R S Ä T A A
R Y T I O T B O T O M S G E O S
N B R U T S I D T O N O D R T I
```

BED	SÄNG
BLANKETS	FILTAR
DO NOT DISTURB	STÖR INTE
GYM	GYM
HOTEL	HOTELL
INTERNET	INTERNET
KEY	NYCKEL
LUGGAGE	BAGAGE
RECEPTION	RECEPTION
ROOM	RUM
ROOM SERVICE	ROOM SERVICE
SUITE	SVIT
TELEVISION	TV
TOILET PAPER	TOALETTPAPPER
TOWEL	HANDDUK

Were you a good student? Here are some subjects that you may have studied long ago, or may be learning right now. Study these challenging subject translations.

```
P T Ö P A G N I R E E N I G N E
H Å B I O L O G I C X R T I C F
I I U M O I M G O S O S C E Y J
L C S E I H M N E F N I A S R E
O A I T B N O E Ö O D D I D T A
S F N K O M E R K E G K T E S L
O D E G I R E M M A C R R T I Å
P A S C U T I D G U V N A N M E
H Ö S V A A A A I E S Ö E P E T
Y E M G M P G M T C O I Y I H U
R B U O L H C E E E I G C T C Y
O I S H O Y N W S T O N R B L S
T F I L O S O F I L A T E A P E
S O K W K I E K O N O M I R F Ö
I H T A M C K I N K E T Å T A I
H O P R E S B I Ö V V K S T K T
```

ART	KONST
BIOLOGY	BIOLOGI
BUSINESS	FÖRETAG
CHEMISTRY	KEMI
ECONOMICS	EKONOMI
ENGINEERING	TEKNIK
GEOGRAPHY	GEOGRAFI
HISTORY	HISTORIA
LANGUAGES	SPRÅK
MATH	MATEMATIK
MEDICINE	MEDICIN
MUSIC	MUSIK
PHILOSOPHY	FILOSOFI
PHYSICS	FYSIK
SCIENCE	VETENSKAP

Math. Some people love it, and some people hate it. Add these words to your vocabulary and multiply your language skills.

```
B M U L T I P L I K A T I O N M
S I G L D L E L L A R A P O O U
I A E E E I T K A D D S I L I L
H R O L O O V T V D T T P A T T
N A M L A M I I I A K F Ä J I I
D L E A V R E T S A T S D N D P
I U T R H O I T R I N I L I D L
V C R A P O N T R A O E O L A I
I I I P N E B E M Y M N L N U C
S D T Ä C U C I T E M H T I R A
I N I O S F L N O I T A U Q E T
O E R P T Ä R L E K N I V A L I
N P E R C E N T A G E N S L U O
F R A C T I O N P T R P W K R N
T E G F R A K T I O N E N R T A
B P S U B T R A C T I O N H D V
```

ADDITION	ADDITION
ARITHMETIC	ARITMETISK
DIVISION	DIVISION
EQUATION	EKVATION
FRACTION	FRAKTION
GEOMETRY	GEOMETRI
MULTIPLICATION	MULTIPLIKATION
PARALLEL	PARALLELL
PERCENTAGE	PROCENTSATS
PERPENDICULAR	VINKELRÄT
RULER	LINJAL
SUBTRACTION	SUBTRAKTION

It is estimated that globally there are over 100,000 flights per day. Here are some common airport related terms for you to learn while they try to find your lost baggage.

```
H L A N D N I N G S B A N A Å D
S E L L E N O I T A N R E T N I
S T A L P G Y L F L T L A F I N
A G E T A K E O F F B T Ä A N N
P E H T R S I P A S S P O R T T
D I E I T E H R E K Ä S A C E R
N O N A U C T T E J L I B R R C
I A M S R U S Y C T S T M I N T
E V L E E R N U A L S I T A A A
G G Ä P S I S E A W N M R D T R
N Å A T G T N N G A N E O A I R
Å N U G O Y I H L A O U P K O I
G G I M A M L C E L G I R H N V
V A S D R B P F S M U G I M A A
A R T E K C I T G H S T A C L L
P H T R O P Å I S L N K M B J S
```

AIRCRAFT	FLYGPLAN
AIRPORT	FLYGPLATS
ARRIVALS	ANKOMSTER
BAGGAGE	BAGAGE
CUSTOMS	TULL
DEPARTURES	AVGÅNGAR
DOMESTIC	INHEMSK
GATE	PORT
INTERNATIONAL	INTERNATIONELL
PASSPORT	PASS
RUNWAY	LANDNINGSBANA
SECURITY	SÄKERHET
TAKEOFF	AVGÅNG
TERMINAL	TERMINAL
TICKET	BILJETT

Farming has existed since 10,000 BC. If you work on a farm, or just like eating food, here are a some farm words for you harvest.

```
A E O T G H H C R R H D I M Ö S
Ä D D N X E H T Å Ö Ö G D Å V E
G S O H Ö M B G O A S H Ä H O N
Ö S T T M J T M N L L Å I A N L
A E Å Ö S M R S E P Å A H N V J
T J C I Ö I A Ä Ä S A O F H Ä O
T R G B Ä K R L L H Å F T T O R
W V A R N C U G L E T U Å W Y K
F W Y A Ö U J A S E P Å S R O Y
A R E F H D T F G P I G N O T C
A E K O L R A E D T O O A T H K
A T R Y A R H L S O K R I I V L
K S U C M S L C E L N V C O E I
E O T E B U E T A O G K R Ö Ä N
J O R D B R U K A R E J E M Z G
R R O T K A R T U N Å F Å Y R H
```

BULL	TJUR
CHICKEN	KYCKLING
COW	KO
CROPS	GRÖDA
DONKEY	ÅSNA
DUCK	ANKA
FARMER	JORDBRUKARE
GOAT	GET
HORSE	HÄST
LAMB	LAMM
PIG	GRIS
ROOSTER	TUPP
SHEEP	FÅR
TRACTOR	TRAKTOR
TURKEY	KALKON

Time to get out there and experience all there is to see. How do you prefer to explore a new city? Try exploring these highly rated sightseeing words.

```
I T A N I V R E D R O C M A C S
C S V R W R R T E S N S O A A N
E I N W E A E S S O Z N M V W I
S R A O A M E L I I O E Ä E A U
N U R Ä I L A T L I R G T T G R
O O E T E T A K T A B U T E U H
I T M D N M C A O E G R T I I P
T E A U R T M A S E A T N S D E
C R K O S R N K R K D E S T E P
E Ä F A O E R E T T R I H N B A
R N U F R I U I M L T A V E O R
I Q N A V T O M S U M A P M O K
D I R N L N A S N A N O E U K E
T A I A E D I U G R U O T N A R
H N A R T G A L L E R Y M O O A
G U I D E B O K M U E S U M S S
```

ART GALLERY	KONSTGALLERI
ATTRACTIONS	ATTRAKTIONER
CAMCORDER	VIDEOKAMERA
CAMERA	KAMERA
DIRECTIONS	VÄGBESKRIVNING
GUIDE BOOK	GUIDEBOK
INFORMATION	INFORMATION
MAP	KARTA
MONUMENTS	MONUMENT
MUSEUM	MUSEUM
PARK	PARKERA
RUINS	RUINER
TOUR GUIDE	RESELEDARE
TOURIST	TURIST

Time to hit the beach for some sun, sand and surf. Below you will find a list of warm beach related words.

```
H E H N W L R G N M F E D A P S
G N Ä A A S E H N I Ä W U B H O
N P V S N T A F K I A R E P S L
U E O W E V Ö N W Å F Y K E C G
S L H N E N I C D I E R Y L S L
N T S T R H E G Å S O D U S O A
T S Ä E C I S U N G L A S S E S
E A F R S A N D F E Å O W H S Ö
K C L C N U Å S S Ä H I T G E G
C D R A U G E F I L M K T T G O
U N K G S A N G I M D E D O W N
B A D V A K T I I H N N E O N E
E S H O V E L N F A A I S I A R
A N A E A Ä G N E R S T N N E S
C T T E H A K C T T U V Å G O R
H Z T S W S O S T P R S L I D E
```

BEACH	STRAND
BUCKET	HINK
HAT	HATT
LIFE GUARD	BADVAKT
OCEAN	HAV
SAND	SAND
SANDCASTLE	SANDSLOTT
SEA	HAV
SHOVEL	SPADE
SUN	SOL
SUNGLASSES	SOLGLASÖGON
SUNSCREEN	SOLKRÄM
SURFING	SURFING
SWIMMING	SIMNING
WAVES	VÅGOR

Is the museum near or far? Is it expensive to get in or not? Start studying these opposite terms, and you may find out.

```
M M R L E R K T E O S M A L L Ö
E D Å R C G H U E D Å L I G L T
T O C D D F A N J K A T H H A U
Å O G A I S G T E M E D I W T G
Y I H V T D C D S N T O G T F C
E S R O X Ö Q Q T A E O H N O T
D S N I Y N U O H D E G R Å S Y
T N G T D T N Y R A I N E R R S
S U D N Y T E H H B O Å G D Q D
H S C O H V Å T Å K L L Å G F R
O Ö O E W I B D E E O R T I H A
R D G N A Z D T O W Å R S U S O
T H Ö W G Å I Z T O H P T T D B
H Å T U E S T E L H S A O E R S
E T Å E E A T S J W O R R A N S
H K P D F J R A T Ö C B H D N S
```

BIG	STOR
SMALL	LITEN
WIDE	BRED
NARROW	SMAL
TALL	LÅNG
SHORT	KORT
HIGH	HÖG
LOW	LÅG
GOOD	BRA
BAD	DÅLIG
WET	VÅT
DRY	TORR
HARD	HÅRD
SOFT	MJUK

Would you be opposed or in favor of some more
opposite words?   For better or worse, here
are some more words to study and find.

```
K A L L Å N G S A M S E I T C O
Ä Å T E V R O J H O N Å C F T C
A O W R F L A O Ä E I N E O R R
D W C S S O U T L X T O E Ö H S
T D Å Ä S T N U T E R C S P T E
I H Ö R O G A T R Ä W I L A O V
E A A P L Å E N P D Y R G E V I
J T S E I Ä T H H V T M Y H A S
I L V F A H L L R M R S A C T N
U V I A N H D H W A I E B Ä R E
C M C W N Å Y O V O D I N T Q P
S D Ö C R Ä T T N E L G Y A B X
E I E O A O E Ö S L D S O B U E
B Ä H L T I N O I A T M A I A D
Ä S D D U J L G Ö H F N E P P Ö
F S A Q H C E A G I S T U M S T
```

FAST	SNABB
SLOW	LÅNGSAM
RIGHT	RÄTT
WRONG	FEL
CLEAN	REN
DIRTY	SMUTSIG
QUIET	TYST
NOISY	HÖGLJUDD
EXPENSIVE	DYR
CHEAP	BILLIG
HOT	VARM
COLD	KALL
OPEN	ÖPPEN
CLOSED	STÄNGD

They say that opposites attract. See if you are attracted to the list of opposite words below. Find them in the grid, or don't.

```
H H U E O Ä N M G N O R T S Z T
O G D Z A E Ö S T A R K N H C T
I N A W D R H V V U M Z A Ä I Y
E I E O K O S A I Å N M V E S N
Ä N A J R Ö B G H R R N A O W I
I N S B A Ö D Å O Å N U T L Y Q
N I Y U D G R Q W T S S B P T S
L G W Å J E R Ö T P A A Ä T R E
T E H I E L N G Y E F I R E J A
G B S M P L Ä S O E F T E Ö M R
S Z G C B D L O M G D E M E O L
S R R Ä S U I A L W M L T E S T
D N T I T E T Ä L N L H N Ö I H
Ä Ö T E M P T Y U U G F H M A A
E T T L U C I F F I D A O S I Ö
R Ö U H L S X H L Ä T T E D E Ö
```

FULL	FULL
EMPTY	TOM
NEW	NY
OLD	GAMMAL
LIGHT	LJUS
DARK	MÖRK
EASY	LÄTT
DIFFICULT	SVÅR
STRONG	STARK
WEAK	SVAG
FAT	FET
THIN	TUNN
BEGINNING	BÖRJAN
END	SLUTET

An antonym is a word opposite in meaning to another. A synonym is a word that has the same or similar meaning to another word. Find the antonyms from the word list in the puzzle grid.

```
O U T S I D E R O F E B A H R T
Ö U D G X R E E Ö G A D G Ä C J
D A Ö H E T T R M R R F I R S T
W R Ä H F A S E A T L E D S P H
I G A E L T D H R E Y I I Ä N T
T S Å L A S T T Ö Ö N E T Ä R I
H K R A F I Ä C I H F A R A O W
O F G E T S N Ö Ä L D A Ö T N T
U T A N E T U N H N Å N G O N E
T T E H R Å Ä U E S E W D Ä E H
G R T T A L T S Y P E G Y F E S
N C E M H N P A U I S T S Ö T F
Å Ä Ä B J H T V Å P E I A K Ä O
L F F C P I J O S S E T X L H I
Ä T I F D I A I R N S R A O E T
E S Å E K Å U Å Ö C H S Ö L Ä I
```

NEAR	NÄRA
FAR	LÅNGT
HERE	HÄR
THERE	DÄR
WITH	MED
WITHOUT	UTAN
BEFORE	FÖRE
AFTER	EFTER
EARLY	TIDIG
LATE	SEN
INSIDE	INNE
OUTSIDE	UTE
FIRST	FÖRSTA
LAST	SISTA

MATERIALS

We encounter many different materials on a daily basis. Some are strong enough to hold up buildings and others are soft and flexible. Here is a list of common materials to choose from as we continue to build your language skills.

```
T Ä R P P F U O H S V T L A M B
R E H Y C R K O P P A R N O C N
S R A T R I B E T O N G D L O G
C L A I R E T A M S I D I N N M
C A Å T S G P S R A T N H H C X
D I A M O N D P A E A A U L R P
O R R E V L I S O L L S T E E L
O E E M E T A L L C P U A V T A
W T V G L G M T Å Å S I X N E T
U A L L L A A E E T R Ä O E D I
P M I A G C N W E M S A U L I N
Z L S S D O T Ä O N E E U W I U
E S A F T Ä A S Ä T Ä G Y T A M
H M Ä S N E I Ä Ä Ä I D L W T Y
L T S J T V N H Å A N P A Å T T
F I W E D A S A T Å A E I Å A Ä
```

CLAY	LERA
CONCRETE	BETONG
COPPER	KOPPAR
DIAMOND	DIAMANT
GLASS	GLAS
GOLD	GULD
MATERIAL	MATERIAL
METAL	METALL
PLASTIC	PLAST
PLATINUM	PLATINA
SAND	SAND
SILVER	SILVER
STEEL	STÅL
STONE	STEN
WOOD	TRÄ

See if you can handle another shipment of common materials. Be sure to handle each one with care.

```
C L Å T S T T I R F T S O R E Å
L E A D N B G I J E W N S G T Y
A E T L R E M T T Ä P S E U T H
L T C A T A M E R A R A B M Y I
U S S T R R G E K E N N P M E R
M S R B E E A F C O P I A I G C
I S L D L R I O I A T P U T N L
N E Ä R I T T Å R C E R A M I C
I L I O B T R U B B E R E P S T
U N Å J O G V N L H Ä U F N S A
M I S N R A Q Y T W L U S V Ä T
A A E O K I M A R E K Å O S M W
R T D L I E E T G P C N I T T E
M S R N L L U M O B M R W L S E
O F I Q E X H E T T O C G V U R
R Å L G A L U M I N U M R B N F
```

ALUMINUM	ALUMINIUM
BRASS	MÄSSING
BRICK	TEGEL
CEMENT	CEMENT
CERAMIC	KERAMIK
COTTON	BOMULL
IRON	JÄRN
LEAD	BLY
LEATHER	LÄDER
MARBLE	MARMOR
PAPER	PAPPER
RUBBER	GUMMI
SOIL	JORD
STAINLESS STEEL	ROSTFRITT STÅL
TITANIUM	TITAN

We've made it through the first half of the book. Time to stop and have something to drink. Can we suggest one of the following?

```
K W H I S K E Y R E T A W L A T
O H C A T C A P P U C C I N O A
N I G L O N E E D H M I I E I O
I T Ö V I S E J A E T V U S T T
C E C A Q M U M O R T T Y J N N
C W K T E I P B W T U E T W U L
U I A T C A R E I N A A E A H A
P N F E G A V V Y K S I H W H B
P E F N N I V D Ö R D Y P N E N
A R E D W I N E N O O E S S N N
C E Y E F A C Ö T E E A E P R I
Ö E T S R O K L I M K T E D N O
D B N B F B L D Ö D I S T T L E
G R A F E J Ö Ö O G B Ö W I E A
S I E L R L J V I V L T N N Ö N
U E N G A P M A H C C L E W K M
```

BEER	ÖL
BRANDY	BRANDY
CAPPUCCINO	CAPPUCCINO
CHAMPAGNE	CHAMPAGNE
COFFEE	KAFFE
GIN	GIN
JUICE	JUICE
MILK	MJÖLK
RED WINE	RÖDVIN
RUM	ROM
TEA	TE
VODKA	VODKA
WATER	VATTEN
WHISKEY	WHISKY
WHITE WINE	VITT VIN

Review Jumble: The translations in the word list below have been scrambled. Draw lines between the left and right columns to find the correct translations.

```
I  G  O  E  E  W  Y  N  M  O  A  M  B  E  O  T
C  T  H  I  R  T  E  E  N  G  J  O  E  L  N  M
D  S  F  I  V  E  T  G  O  A  E  V  I  A  E  O
Y  T  H  I  T  N  Å  H  T  T  L  N  I  N  E  V
E  N  L  F  I  V  I  T  R  P  A  O  X  R  T  E
D  Å  I  A  O  J  Å  E  O  W  T  E  T  R  R  F
V  F  I  C  R  S  T  T  J  L  P  D  E  L  U  T
E  N  L  E  Å  T  H  O  F  N  S  T  D  J  O  F
I  G  V  X  O  G  R  A  C  H  W  S  S  L  F  C
O  F  M  N  I  X  E  S  S  S  M  D  V  O  T  A
C  E  I  E  E  S  E  L  E  T  E  H  I  R  I  N
D  M  T  V  F  V  A  R  N  T  I  N  E  T  T  E
F  T  W  E  L  V  E  E  L  A  R  I  N  D  D  A
Y  O  T  L  L  H  T  S  A  O  T  U  S  A  Å  R
R  N  U  E  N  A  H  F  E  F  D  L  I  U  M  E
A  H  B  R  I  T  F  T  O  O  Y  M  Z  N  A  A
```

ONE	FEMTON
TWO	TRE
THREE	SEX
FOUR	SJU
FIVE	TVÅ
SIX	TOLV
SEVEN	FEM
EIGHT	ÅTTA
NINE	TIO
TEN	ETT
ELEVEN	ELVA
TWELVE	FJORTON
THIRTEEN	NIO
FOURTEEN	TRETTON
FIFTEEN	FYRA

Review Time: Draw lines between the English word on the left and the corresponding translation on the right. Refer back to the original puzzle if you need help.

```
Y N O T T U J S D N A E Y N E D
D V E I G H T E E N I T T O N E
C H R Å T R R E M V I T R T O R
D B A O S D T M I G E S I X T Y
S N S S N X I R S G E N H E R T
E E A U I L U N E N H Y T S A A
V E H S L T W E N T Y T F Y H O
E T B I U F E H Y H T F Y M N O
N E O O G O S J U T T I O I N V
T N J E I R H T W N E F O L D E
E I N T Y T G T Å I D N G J I U
E N M I J Y X M H T C R I O S H
N E S U T T W E N T T F A N P Å
F E G M R W D D S I R I S L C V
L O P B F Y R T I O D I O R C N
N F O Å R O T A R N F H E L D G
```

SIXTEEN	ÅTTIO
SEVENTEEN	TJUGO
EIGHTEEN	TUSEN
NINETEEN	SJUTTON
TWENTY	FEMTIO
THIRTY	HUNDRA
FORTY	ARTON
FIFTY	SEXTIO
SIXTY	NITTON
SEVENTY	SEXTON
EIGHTY	NITTIO
NINETY	FYRTIO
HUNDRED	TRETTIO
THOUSAND	SJUTTIO
MILLION	MILJON

Review Jumble: The translations in the word list below have been scrambled. Draw lines between the left and right columns to find the correct translations.

```
Å N E H A Ö V E T B G L O I Ö A
G A D S N O T R W L T H Å O M Z
Å T W A D M L Ö E A E L A D Å H
G I I E D Å Å H E A Ö E E A N S
A O T S E S X N K R E N A E W V
D N Y G D K G C D T R E L R E K
L A O A E A E A Ö A N B Å V D M
A L G G D V G N S M G D O B N O
N H T I R O Y A D S E U T A E N
O O O N A O T O M O R R O W S D
I L R T O U M G A D E R F I D A
T I S Å R A A I T H U R S D A Y
A D D D G D A Y E F R I D A Y A
N A A A N I A Ö N L G D T N X G
T Y G Ö Y T Å W D R I A T M Å I
Y E S T E R D A Y A D N U S H I
```

MONDAY	TISDAG
TUESDAY	HELG
WEDNESDAY	SÖNDAG
THURSDAY	ONSDAG
FRIDAY	FREDAG
SATURDAY	NATIONALDAG
SUNDAY	LÖRDAG
WEEKEND	MÅNDAG
NATIONAL HOLIDAY	I DAG
TODAY	TORSDAG
TOMORROW	DAG
YESTERDAY	I GÅR
WEEK	I MORGON
DAY	VECKA

Review Time: Draw lines between the English word on the left and the corresponding translation on the right. Refer back to the original puzzle if you need help.

```
O M S X S E P T E M B E R L A D
R E O L R E B M E V O N I T E E
T Y R U I B A M D I B R L E B J
O R A E H R R A J D P O J I S O
A A E H S I N F A A O U R A C H
H U Y B D Å Y R A U N A J T C A
V R E B M E V O N I U U O R W T
Å B A O J E C A I R R B A Q U A
O E U D O U C E B V E M I R O K
T F G R N E L E M R D W L A I S
T H U S N E F I D B N S A R E D
N I S E O S L M R Y E N U J H G
N I T S U G U A T P L R D T L N
E R T Å L S I Y C H A U N T S D
W A P S T R E B O T K O J A M P
U R E B M E T P E S M E H T R Å
```

JANUARY	JUNI
FEBRUARY	OKTOBER
MARCH	MARS
APRIL	APRIL
MAY	MÅNAD
JUNE	MAJ
JULY	SEPTEMBER
AUGUST	AUGUSTI
SEPTEMBER	NOVEMBER
OCTOBER	ÅR
NOVEMBER	DECEMBER
DECEMBER	FEBRUARI
CALENDAR	KALENDER
MONTH	JULI
YEAR	JANUARI

Review Jumble: The translations in the word list below have been scrambled. Draw lines between the left and right columns to find the correct translations.

```
O V G I G Å A E N W A O V R N E
W Y L R S S W T U N I M E Q N Å
E Å E O J A N M H N H T Y E A R
S D I Z F D S W S G N V A O T H
Å A L E E E D U U I I M T O T U
E G X C K M M T V M I N U T E N
Ö A A U R M O O S Y D E E T Å D
N D N Å E E H R N Ö O A D O U R
E D V R O A D L G T H L N F T A
I I S T S W S D T O H G O Å I D
E M I I O E S P U Z N Å C R M E
E R E O M T E R R I C T E S M L
R E U N M I M E N I A T S T E H
T T L D A Y Y R U T N E C T R L
A F T E R N O O N I T G T E A I
O E N X D M R E W E X Å S C Y M
```

WINTER	VÅR
SPRING	ÅRHUNDRADE
SUMMER	SEKUND
AUTUMN	MORGON
SECOND	HÖST
MINUTE	ÅRTIONDE
HOUR	MÅNAD
DAY	TIMME
MONTH	MINUT
YEAR	EFTERMIDDAG
MORNING	VINTER
AFTERNOON	SOMMAR
NIGHT	DAG
DECADE	ÅR
CENTURY	NATT

Review Time: Draw lines between the English word on the left and the corresponding translation on the right. Refer back to the original puzzle if you need help.

```
O J Ö I I U Z Q E S I R L O T E
R E L Ö L E E I I R T E R O F O
N E E R G S G B L C E Å G H E N
L Ö V I I R W Ö S Y A D D O E E
S A E L Ö H M O T I L H E U E R
J U V W I U A T T D E E C L L I
O E F T T S E E T H R E D H B A
R B E M I Å S E H N F O P L R L
A A S F O V R N I P A N S I U X
N T D B Y C D W A N Y C Y A N G
G N Ö E Y Y O R O K G B T W W K
E E R A E T H S N Ö R G V O O Ö
E G N A R O E B V B Å Å O L R I
D A L I L S E O L A K C A L B S
R M W N U I R Å P U R P L E D L
A T N E G A M Y L U E T D Y A T
```

BLACK	MAGENTA
BLUE	GUL
BROWN	SILVER
CYAN	GRÖN
GOLD	BLÅ
GREY	ROSA
GREEN	LILA
MAGENTA	SVART
ORANGE	BRUN
PINK	GULD
PURPLE	ORANGE
RED	CYAN
SILVER	RÖD
WHITE	VIT
YELLOW	GRÅ

Review Jumble: The translations in the word list below have been scrambled. Draw lines between the left and right columns to find the correct translations.

```
X I I S L A V O N P K R O T N N
A A T Y E Ä E A K O Y E C S Ö C
D P I F Y R K A N T L R T N N Y
H E U E L C R I C L O E A R O L
Z L S N L N N N E I D G G M E I
H G N Q O G O G D I R D O G I N
R N C R U G N G M K Ä K N N Ö D
Ä A A C A A A A D H A E Ä S E
F T S T T S R T I X I L L L T R
S C N K P Y E E N R E A A A J P
Y E E H P O B R T E T H M V Ä M
P R E D N I L Y C Ö P N A O R W
L R J G B Ä C T N D I A M A N T
E S F L K U B O S A H Ä A G A D
B N E E B G N I N R Ö H X E S A
R F N E H C C G U E N W T I E O
```

CIRCLE	PENTAGON
CONE	TRIANGEL
CUBE	REKTANGEL
CYLINDER	KON
DIAMOND	OKTOGON
HEXAGON	SFÄR
OCTAGON	KUB
OVAL	FYRKANT
PENTAGON	OVAL
PYRAMID	CYLINDER
RECTANGLE	STJÄRNA
SPHERE	DIAMANT
SQUARE	SEXHÖRNING
STAR	CIRKEL
TRIANGLE	PYRAMID

Review Time: Draw lines between the English word on the left and the corresponding translation on the right. Refer back to the original puzzle if you need help.

```
T Å I E E C S E H S A L E Y E Ö
S S T T Y U Ö T T C N H O Å I A
T W H A O U R U Z H A F D O N Ö
Q O P H S Å E N O S E H N S Y G
Ö R O D A T F G A T T Ä I A R O
A B A L Ä P P A R E A K K Ä B N
Å E U N I H D H Ö Y T A S Ä N F
H Y D C N P F A C E H Å R F O R
D E E T Ä H S X B M O T D R G A
R Ä I E H R O T O N G U E I Ö N
O H H B U E O U K E E H C E C S
T N N K D X T H P H E A U H T A
T Å V F C H I N W A G I R V N R
R T O H A S G S D Ö N R C U U C
C T U Z E U N Z R U W N H I Ä D
R E N T R V R R M D B O A E U Ö
```

CHEEK	TÄNDER
CHIN	ÖGONBRYN
EAR	HAKA
EYE	ÖGA
EYEBROWS	TUNGA
EYELASHES	HUVUD
FACE	PANNA
FOREHEAD	ÖRA
HAIR	LÄPPAR
HEAD	MUN
LIPS	NÄSA
MOUTH	HÅR
NOSE	ANSIKTE
TEETH	KIND
TONGUE	ÖGONFRANSAR

Review Jumble: The translations in the word list below have been scrambled. Draw lines between the left and right columns to find the correct translations.

```
B  I  D  T  B  W  E  T  P  A  R  S  E  D  T  Ö
R  O  S  M  J  H  D  K  A  I  W  H  F  L  U  S
Ö  S  U  A  A  A  S  O  L  U  N  Å  Q  D  I  E
S  H  A  N  D  E  A  R  D  A  V  T  I  Å  Y  N
T  O  O  F  T  O  T  S  F  F  U  Å  S  F  A  F
V  U  Ö  Q  P  H  W  O  Ö  M  I  D  I  I  D  E
Å  L  Ö  D  S  I  T  W  M  I  A  N  D  O  A  C
R  D  L  Z  N  E  F  E  Å  N  G  S  G  H  L  W
T  E  S  T  A  A  Ö  A  Ö  E  O  T  A  E  B  U
A  R  I  R  I  D  H  S  R  T  M  E  U  M  R  A
D  B  O  A  I  A  J  D  I  M  H  G  T  Å  E  Y
T  L  E  E  N  I  P  P  L  E  R  Å  D  U  D  O
X  A  E  D  L  Å  W  P  N  T  D  B  I  C  L  L
T  D  L  G  A  B  I  E  H  R  N  M  A  E  U  T
E  E  H  T  S  H  O  U  L  D  E  R  X  C  K  P
D  T  E  T  S  I  R  W  J  U  B  A  C  U  S  H
```

ARM	AXEL
ELBOW	HÖFT
FINGER	HANDLED
FOOT	TUMME
HAND	MIDJA
HIP	FINGER
LEG	HAND
NIPPLE	BEN
SHOULDER	ARM
SHOULDER BLADE	ARMBÅGE
THUMB	TÅ
TOE	BRÖSTVÅRTA
WAIST	FOT
WRIST	SKULDERBLAD

Review Time: Draw lines between the English word on the left and the corresponding translation on the right. Refer back to the original puzzle if you need help.

```
Z I K O P A T T J D N U K C I T
O L H A P L E G A N R E G N I F
Q F O M O E C M S S N S B P Ä A
I I D H R A R M H Å L A M D O I
R N Å W K A G O S A C R V Y Ö Å
I G I A R N E K H K A Å T E A B
W E X E L K A R E B I L S I L V
A R D E S L E W O R Å N Ä D L A
T N V N V E Å D I F N C E H O K
U A T W N E Y R N L W R U M P A
N I O K H B S Ä V A T S A E R B
C L U R Z G R T R C S E K K N L
I T M O H M I Ö I Q W E C C O L
B P E U H T X H S A D Y E A M I
I I D E S K C O T T U B N N D T
X N E S S Ö N R L R T J Å P K S
```

ANKLE	BRÖST
ARMPIT	TILLBAKA
BACK	NACKE
BODY	FINGERNAGEL
BREAST	KALV
BUTTOCKS	LÅR
CALF	VRIST
FINGERNAIL	HUD
FOREARM	UNDERARM
KNEE	KNÄ
NAVEL	NAVEL
NECK	RUMPA
SKIN	KROPP
THIGH	ARMHÅLA
THROAT	HALS

Review Jumble: The translations in the word list below have been scrambled. Draw lines between the left and right columns to find the correct translations.

```
B Ö E N I T S E T N I L L A M S
I L S E G B Å Ä T Å S P L E E N
M A O A S L Ö M R A T N N U T N
U R P D I O Ä R E L K S U M Å A
S G E P Å O D R V V E I N S X E
C E N V E D C O I Å E E G I B D
L I I I E N R Ö L Y E N D I K N
E N F R A L D O B B U N L Ö V M
S T O P E R E I R L E U Å E T R
T E J T H T B O X P N J U R E A
O S T U T J R S P G C X Ä R N T
M T H L Ö D Ä A O E S T Ä R T K
A I Ö E Ä A T R G P Q T Ä U Ö C
C N Å A A J R A T Ä R J U W I O
H E M E V R M V W A H S T T A J
B U K S P O T T K Ö R T E L N T
```

APPENDIX	MUSKLER
ARTERIES	MJÄLTE
BLOOD	LEVER
BRAIN	MAGE
HEART	APPENDIX
KIDNEY	TJOCKTARM
LARGE INTESTINE	BLODÅDROR
LIVER	TUNNTARM
LUNGS	HJÄRNA
MUSCLES	BLOD
PANCREAS	HJÄRTA
SMALL INTESTINE	LUNGOR
SPLEEN	NJURE
STOMACH	BUKSPOTTKÖRTELN
VEINS	ARTÄRER

Review Time: Draw lines between the English word on the left and the corresponding translation on the right. Refer back to the original puzzle if you need help.

```
L Y Z H O W S F U I F Q S U S F
H H E I L C O N T I N E N T D S
A I S A I S Y D A M E R I K A E
F C A C N O R T H P O L E S N N
R T I S O U T H P O L E Y A O A
I A N R N T H M Y A A D E R R E
K S O O F H J T H C P C D A T C
A I R T W A S A I O O A P W H O
A T D A N M V T L C M O S E A C
E K P V L E C E I E R U O I M I
L R O K T R N F R U H Q H S E T
F A L E A I I I E Q U A T O R N
T T E T D C K T T L U S K M I A
O N N M A A N E T N A L T A C L
L A E P O R U E U T O A M H A T
M N Y R C N W U G S E K L Y N A
```

AFRICA	SYDAMERIKA
ANTARCTICA	EUROPA
ASIA	SYDPOLEN
ATLANTIC OCEAN	ATLANTEN
CONTINENT	NORDAMERIKA
EQUATOR	AFRIKA
EUROPE	EKVATOR
NORTH AMERICA	STILLA HAVET
NORTH POLE	NORDPOLEN
PACIFIC OCEAN	KONTINENT
SOUTH AMERICA	ASIEN
SOUTH POLE	ANTARKTIS

Review Jumble: The translations in the word list below have been scrambled. Draw lines between the left and right columns to find the correct translations.

```
K F E E R L A R O C U Y R Ö B G
O L A W O Ä E A S J O U O R J L
R O L W T M S R N E N F H T A S
A D C V Ä S M V J I E K E R T T
L U G O K S N E A K C L E T S R
L Ä E L I R H R A O N V M E U A
R E I C A L G L A C I Ä R S K N
E C R A T E R S Ö R I O W O H D
V A H N T R T K E P F T L Ä C H
Y O F O N H E T T N Ö V Y R H M
G I N N C N A S L X A M U E Ö I
O R S A D R T E E M Y I O B A E
A C E L K N I C N D A T S I A E
S B E B A L A S H O S M Z S N T
H N I A T N U O M O Ö H N Y M S
I Ä G E N L D V A H O A O W E S
```

BEACH	BERG
CITY	VULKAN
COAST	KRATER
CORAL REEF	STAD
CRATER	FLOD
DESERT	HAV
FOREST	KUST
GLACIER	SJÖ
ISLAND	GLACIÄR
LAKE	HAV
MOUNTAIN	ÖKEN
OCEAN	SKOG
RIVER	Ö
SEA	STRAND
VOLCANO	KORALLREV

Review Time: Draw lines between the English word on the left and the corresponding translation on the right. Refer back to the original puzzle if you need help.

```
E  M  R  T  C  E  I  Ö  A  G  A  R  C  B  C  D
E  K  R  T  N  I  A  R  H  J  R  Å  H  N  D  F
O  C  T  A  H  U  M  I  D  N  D  T  T  P  E  F
S  Y  K  G  V  U  V  S  N  N  R  Q  W  B  T  W
N  R  Y  W  I  Y  N  N  U  S  G  U  U  A  N  R
O  T  E  D  O  S  E  D  I  T  N  E  M  D  L  Ö
W  R  E  G  N  B  Å  G  E  O  L  Ö  R  L  R  T
T  E  T  I  I  I  N  L  M  R  A  W  A  O  I  E
P  T  S  M  C  L  W  I  B  E  E  K  V  E  Ö  N
B  E  E  M  O  A  O  C  A  F  M  N  S  T  Ö  A
V  M  T  I  L  L  Y  S  U  R  B  I  B  Å  N  C
Ö  O  G  D  D  D  N  K  S  L  E  D  D  V  D  I
S  R  W  W  U  Ö  T  I  I  H  T  U  L  A  E  R
Å  A  A  O  N  I  H  X  G  O  F  A  T  H  R  R
N  B  L  I  G  H  T  N  I  N  G  U  A  W  E  U
F  C  B  A  R  O  M  E  T  R  I  C  R  T  O  H
```

BAROMETRIC pressure	ÅSKA
CLOUDY	FUKTIG
COLD	DIMMIG
FOG	BLÅSIGT
HOT	KALL
HUMID	VARM
HURRICANE	VARM
LIGHTNING	SOLIG
RAIN	ORKAN
RAINBOW	BAROMETERTRYCK
SNOW	REGN
SUNNY	REGNBÅGE
THUNDER	SNÖ
WARM	MOLNIG
WINDY	BLIXT

Review Jumble: The translations in the word list below have been scrambled. Draw lines between the left and right columns to find the correct translations.

```
C H E E T A H Y E N A L I O N S
R I P A L L I R O G D S T O A T
E P A W I L N H E R L E J S P U
N P Å A N I O O A E O E C R O R
Å O T R D R A P O E L H T E L T
O P S T X O E P A B I S E L I S
Å O Ä H R G A G N M A F Z E T O
O T H O Ö R I E P H F B N F N R
Å A D G D R E A V A A T Ä A A E
N M O A A Å N Å R B N Å T N R C
P U L F G S R I I B B E T T B O
T S F L T T G A N O E E Y L E N
W L S Å S O N I N G L Z T H Z I
L S Å V Ö L Y E A O S T R I C H
N Ä I Å C H I M P A N Z E E E R
T N A H P E L E L D S R Z W N Ä
```

ANTELOPE	GEPARD
BABOON	LEOPARD
CHEETAH	ELEFANT
CHIMPANZEE	FLODHÄST
ELEPHANT	GIRAFF
GIRAFFE	LEJON
GORILLA	ANTILOP
HIPPOPOTAMUS	VÅRTSVIN
HYENA	SCHIMPANS
LEOPARD	STRUTS
LION	GORILLA
OSTRICH	BABIAN
RHINOCEROS	ZEBRA
WARTHOG	HYENA
ZEBRA	NOSHÖRNING

Review Time: Draw lines between the English word on the left and the corresponding translation on the right. Refer back to the original puzzle if you need help.

```
F X N A R G N A L X D W Ö S Y F
G R D G H Ä I V O W J M E F Ä L
E M M I N L O O O K W A O L R A
I E I C H E J A H N Ä X G O P D
T Ö M T E E Ä K A N I N T U S D
T T E O M U L A N Q S M G S A E
Y E D N C E N T C E G S R U E R
A G D R O A S T I G E R O M R M
N I V G N I P D S G K T R O U U
K Ä Q R I C A V B V E A O U Ä S
R J A G U A R T J A H R M S W T
Ä T D O G M N R Ö R A U C E I S
Ö Ä T Ä N E M F R G L A N B L G
O A A R E L L Ö N E T A B D E L
Y O N E P O L A R B E A R C T R
F G E Y W A K E A I R T C I Ä O
```

BAT	MUS
CAMEL	ÄLG
CAT	VARG
DOG	KAMEL
FOX	KATT
JAGUAR	JAGUAR
KANGAROO	HUND
MOOSE	RÄV
MOUSE	ISBJÖRN
MULE	TIGER
PENGUIN	KANIN
POLAR BEAR	MULA
RABBIT	KÄNGURU
TIGER	PINGVIN
WOLF	FLADDERMUS

Review Jumble: The translations in the word list below have been scrambled. Draw lines between the left and right columns to find the correct translations.

```
T E K I S T A O T O A M L S N N
O E N G N A T U G N A R O B R R
S Q U I R R E L Ä A D U H P Ö Ö
E M M U S S O P O W O D T N J J
Å L P W D K R A E B K C A L B B
N A I E T P U N G R Å T T A T T
I M H D S W I N E R U C L M T R
V A C U O P Å V K G D F F A Ä A
S F X R U K A S N Å R S Å L V V
G E G C O E O A D O Å P K L T S
G K R L B C R R G T O Ö I U S N
I O O Å I O O Å K C W C S G N A
P R D R T Y N D Å Q Q E C D W K
M R A I L T O T I U G G L A G E
E E L R F N A Y A L W O M N R L
J J O R D E K O R R E V Ä B Y D
```

BEAVER	GRODA
BLACK BEAR	SVARTBJÖRN
CHIPMUNK	JORDEKORRE
CROCODILE	KROKODIL
FROG	ORANGUTANG
LLAMA	RÅTTA
OPOSSUM	ORM
ORANGUTAN	LAMA
OWL	BÄVER
PORCUPINE	EKORRE
RACCOON	TVÄTTBJÖRN
RAT	SKUNK
SKUNK	PIGGSVIN
SNAKE	PUNGRÅTTA
SQUIRREL	UGGLA

Review Time: Draw lines between the English word on the left and the corresponding translation on the right. Refer back to the original puzzle if you need help.

```
M K C G E I E Ö E N E A Ä D S S
H S S P Ä C K H U G G A R E X S
T S B I H A Ö R E B Q T E L T N
S J I L F Ä R M A N E T M F G N
K Ö V F Ä K V R D B M Ä M I I V
Ö L K N Y C C E E I B N U N W T
L E Ä R H L K Ä T O U A H F F H
D J A H A B L F L Ö E Q E I Ö T
P O S E I H Ä E I B H S S S J L
A N R Ä J T S Ö J S E H U K W A
D O L P H I N E I Ö K P R A W E
D D O A A T W F L N O I L A E S
A X H S V U R A T T W H A L E R
C E B D R A A D C Ä R E W A E U
R I R E T S B O L L I U I O L T
O I S S O R L A V N Z W T Ä T E
```

TURTLE	SKÖLDPADDA
CRAB	HAJ
DOLPHIN	FISK
FISH	SÄL
JELLYFISH	DELFIN
LOBSTER	MANET
OCTOPUS	SJÖLEJON
ORCA	BLÄCKFISK
SEA LION	KRABBA
SEAL	SJÖSTJÄRNA
SHARK	SPÄCKHUGGARE
SQUID	HUMMER
STARFISH	VAL
WALRUS	VALROSS
WHALE	BLÄCKFISK

85

Review Jumble: The translations in the word list below have been scrambled. Draw lines between the left and right columns to find the correct translations.

```
F A N H C J O T Q L I E G M T U
A E D E B E L C N U A T E E R J
R T P B A I T I E U S I E E D V
F A R B R O R R M L A S D H L T
A A A E N O V O O A Y A N D E E
R D M Ö D V T C S S F L T I N T
E E Y I E O H H T P A F R I Ö A
H F T T L I R E E A Ö S E B F D
T A N S L Y R B R R R C X O Ä T
O T H D I M O W Ä E E T B R C S
M H R Ä O S E L T N T D R A M G
D E W T H H D H U T T N O Ö O A
N R H W P R G T A S O F R M R O
A E O E A U E A R S D I S E M L
R Ö N R A B N O K S Y S O N O S
G Y E D S R E H T A F D N A R G
```

AUNT	BRORSON
BROTHER	MODER
CHILDREN	MORMOR
DAUGHTER	MOSTER
FAMILY	BRODER
FATHER	FARFAR
GRANDFATHER	FAMILJ
GRANDMOTHER	FÖRÄLDRAR
MOTHER	SYSKONBARN
NEPHEW	FARBROR
NIECE	BARN
PARENTS	FADER
SISTER	SON
SON	SYSTER
UNCLE	DOTTER

Review Time: Draw lines between the English word on the left and the corresponding translation on the right. Refer back to the original puzzle if you need help.

```
K M N W F X N E I A B F R W A T
B R O T H E R I N L A W E E A H
E A A T I T A E I T R Å G S E C
W A B O H H B L H I N S Å I O G
A Y D Y K E N E U A B W V U N R
L S I S T E R I N L A W S T E A
N Y V W V I A I F L R I E Å K N
I O I Ä N Ä B W N S N Ä M C J D
R F S L R L R I G L Y R I T O D
E R A D H D N S I Å A L F R P A
T W O R N O O Å O F F W T N Ä U
H K D M S A S T R N A M S A A G
G U R F R I R Ä T X R I E H W H
U S X A Å Ä V G Ä E B O Y B D T
A I L E T S V Ä G E R S K A B E
D N A B S U H S B C I Ä N D T R
```

BROTHER-IN-LAW	SVÄRDOTTER
BABY	FRU
BOY	SVÄRSON
COUSIN	SVÄRMOR
DAUGHTER-IN-LAW	FLICKA
FATHER-IN-LAW	KUSIN
GIRL	BARNBARN
GRANDDAUGHTER	SVÅGER
GRANDSON	MAN
HUSBAND	BARNBARN
MOTHER-IN-LAW	SVÄRFAR
SISTER-IN-LAW	BEBIS
SON-IN-LAW	POJKE
WIFE	SVÄGERSKA

Review Jumble: The translations in the word list below have been scrambled. Draw lines between the left and right columns to find the correct translations.

```
R  H  I  Å  A  R  D  N  Ä  R  Ö  F  T  T  A  T
L  R  E  A  G  R  T  Ö  I  T  A  O  G  S  T  A
W  L  A  D  N  Ö  Å  I  E  G  F  O  A  O  T  W
A  F  T  A  U  A  L  E  Å  O  I  T  Å  T  L  Å
S  L  T  T  J  A  S  R  L  T  T  O  B  E  A  I
E  D  L  T  S  O  F  L  O  V  L  Ä  V  R  G  E
V  A  Ä  Ä  T  T  O  C  A  R  R  Y  Ö  T  A  E
T  E  S  T  T  W  O  R  T  A  F  H  N  O  E  S
J  R  A  A  A  O  A  W  A  Ö  T  A  T  T  S  E
S  O  J  G  K  T  C  M  A  T  E  R  O  H  H  S
J  T  L  N  F  I  T  H  A  I  H  R  T  I  B  Ö
R  O  Ö  I  N  A  S  T  A  T  T  V  Ä  N  T  A
E  H  F  S  E  Ö  I  U  Ä  N  O  O  U  K  A  H
E  E  T  O  S  L  E  E  P  N  G  A  P  G  K  T
T  A  T  T  S  O  V  A  O  I  K  E  S  A  O  N
D  R  A  T  T  B  E  T  A  L  A  A  B  K  Y  P
```

TO ASK	ATT LAGA
TO BE	ATT LÄSA
TO CARRY	ATT ÄTA
TO CHANGE	ATT FÖLJA
TO COOK	ATT BÄRA
TO EAT	ATT FRÅGA
TO FOLLOW	ATT SOVA
TO HEAR	ATT TÄNKA
TO PAY	ATT FÖRÄNDRA
TO READ	ATT SE
TO SEE	ATT VÄNTA
TO SING	ATT VARA
TO SLEEP	ATT BETALA
TO THINK	ATT SJUNGA
TO WAIT	ATT HÖRA

Review Time: Draw lines between the English word on the left and the corresponding translation on the right. Refer back to the original puzzle if you need help.

```
Å Å R N T D X A T T H A K N A D
A E O U N E A T T G Ö R A T T E
Q Q V I M W J T A O O K T H Y E
E Å F O E D L H A W S R Ö C S N
A O C E L A Ä I O L E E A O Å R
T O S T T O S T Ä S T Ä L D I E
T A B B O J T T A Ö D C A L K T
H O G G D T T A M M O K T T A F
J Ä H N O A A O K T O E T Z E E
Ä W L E Ä S T K D C O E T W P A
L P I T L T K T E R I H A Å S K
P E E N M P S N T E I R A L O Ö
A T T F Ö R S T Å A I N D V T S
W L E V A R T O T S Å N K T E T
T O U N D E R S T A N D S V T T
Y L R O F K O O L O T Q Ö D T A
```

TO CLOSE	ATT HA
TO COME	ATT DRICKA
TO DO	ATT JOBBA
TO DRINK	ATT STÄNGA
TO FIND	ATT KOMMA
TO HAVE	ATT GÖRA
TO HELP	ATT FÖRSTÅ
TO LOOK FOR	ATT TA
TO LOVE	ATT RESA
TO SELL	ATT SÖKA EFTER
TO SPEAK	ATT SÄLJA
TO TAKE	ATT ÄLSKA
TO TRAVEL	ATT HITTA
TO UNDERSTAND	ATT HJÄLPA
TO WORK	ATT TALA

Review Jumble: The translations in the word list below have been scrambled. Draw lines between the left and right columns to find the correct translations.

```
T U N A H Y U B O T O W A L K D
R O T T O B E A B L E T O T A Ä
A D W O E T I R W O T O K N O W
T G E A O W M X A Ö E E N R D R
T I V P N W E L P A N U R A T J
S D A Ö D T E P V T K E M E A A
P L E K I P N I O T O U P L S A
R Y L T S A R R T L O G I O T A
I K O T C K U A Y Ä F P I T O T
N S T A S N T A O M N O L V E T
G A T T V I L J A N Å Ä G A E G
A R T O D A N C E A R I T O Y Å
T A T T D A N S A A T T V E T A
T V U A Å C S Ö S H G C C H T C
G E Å O G C P L Y Å Ö H Ä Q V R
E L T O O N N Ä Y A Ä R O S Ö C
```

TO BE ABLE TO	ATT SPRINGA
TO BUY	ATT SPELA
TO DANCE	ATT SKRIVA
TO GIVE	ATT GÅ
TO GO	ATT GÅ
TO KNOW	ATT ÖPPNA
TO LEARN	ATT KÖPA
TO LEAVE	ATT LÄMNA
TO OPEN	ATT LÄRA
TO OWE	ATT DANSA
TO PLAY	ATT VETA
TO RUN	ATT VILJA
TO WALK	ATT GE
TO WANT	ATT KUNNA
TO WRITE	VARA SKYLDIG

Review Time: Draw lines between the English word on the left and the corresponding translation on the right. Refer back to the original puzzle if you need help.

```
A T C I P P E C W B E Ö A E F Q
S C D Z V O C Y O A S A T T C T
V Ä I E Z W O M D A B E L J H Z
E X Ä P D Y H Ö Ä W V I Ö A O S
I B B O S T L E A E U E J A C A
Ä V U G U H P N I I C D M E O L
L W O W G Ö Ä A O R E I T E L A
D O T G A Ä D B S S I B R E A D
M F M T R H R M Ä T E S U Y T T
Ä H R K L Ö J M I G A O O Ö E T
T F N U D B N M G L W T L V V C
W I O R I U Ä S L D K T F A Ö C
C A S F J T I A A T S A P T E H
K Ö T T W T D A L K O H C T C T
S L V E G E T A B L E S E E H C
O S M Ö R R E K C O S R L N H V
```

BREAD	SALLAD
BUTTER	GRÖNSAKER
CHEESE	RIS
CHOCOLATE	PASTA
EGGS	BRÖD
FLOUR	SOCKER
FRUIT	ÄGG
MEAT	FRUKT
MILK	SMÖR
PASTA	CHOKLAD
RICE	OST
SALAD	MJÖLK
SUGAR	KÖTT
VEGETABLES	VATTEN
WATER	MJÖL

Review Jumble: The translations in the word list below have been scrambled. Draw lines between the left and right columns to find the correct translations.

```
N H S A D M A I W B I O H S L E
A L A C H M M E M A E R C E C I
D O E R U E G A T Ä L C Q S R H
E V A T R Ä L R L L Ö L A Å E I
E I U U Z T Å Ä E K A K A H Å N
Ö N O E Q T E B N E C S E T V Ä
C E A I Ö Å Å Q I E B Å H H W H
R K M J I E X L W F Ä E Ä E B O
S C M Y L H I C H J F P O R K Z
T I T H E O E S M T D Å F Ä Y S
M H Ä T E N O S R A P P E P C A
E C I R A U O U S T E G O Ä K Ö
Ä H D U P N H H C P L O I S L M
A Å T G P G D Ö P A N A Ä L I P
S L C O O K I E S F K L S O N I
Ö L E Y S R R S N T F E E B G R
```

BEEF	PEPPAR
BEER	OLJA
CAKE	SOPPA
CHICKEN	BIFF
COOKIES	YOGHURT
HONEY	VIN
ICE CREAM	KYCKLING
LAMB	HONUNG
OIL	SALT
PEPPER	GLASS
PORK	TÅRTA
SALT	KAKA
SOUP	LAMM
WINE	ÖL
YOGURT	FLÄSK

Review Time: Draw lines between the English word on the left and the corresponding translation on the right. Refer back to the original puzzle if you need help.

```
M  I  I  S  P  E  A  C  H  T  T  Y  Å  Ä  R  E
E  G  P  L  T  E  I  J  I  I  G  K  D  S  G  R
L  O  R  O  L  R  Ä  D  U  T  A  M  E  L  O  N
O  A  I  A  M  I  A  R  A  P  R  I  C  O  T  E
N  T  R  E  P  E  F  W  E  N  R  O  G  N  U  I
L  N  O  I  L  E  G  R  B  R  A  R  N  V  A  T
E  A  V  N  P  P  S  R  E  E  A  N  A  M  P  N
M  L  U  A  O  I  P  B  A  P  R  T  A  Å  R  A
O  P  R  N  K  L  E  Ä  E  N  T  R  T  S  I  L
N  G  D  A  U  U  E  F  T  E  A  N  I  S  K  P
O  G  N  M  L  G  R  M  N  A  G  T  O  E  O  G
M  Ä  I  B  N  U  O  M  R  S  N  N  E  R  S  G
M  N  V  A  K  P  E  A  R  E  R  A  A  E  Ä  E
O  P  R  T  B  L  Å  B  Ä  R  T  M  R  R  T  P
L  O  J  J  O  R  D  G  U  B  B  A  R  G  O  A
P  P  I  N  E  A  P  P  L  E  J  E  W  G  A  E
```

APRICOT	VATTENMELON
BLUEBERRIES	ORANGE
EGGPLANT	ANANAS
GRAPEFRUIT	GRANATÄPPLE
GRAPES	GRAPEFRUKT
LEMON	MELON
MELON	PERSIKA
ORANGE	JORDGUBBAR
PEACH	PLOMMON
PEAR	ÄGGPLANTA
PINEAPPLE	APRIKOS
PLUM	BLÅBÄR
POMEGRANATE	VINDRUVOR
STRAWBERRIES	CITRON
WATERMELON	PÄRON

Review Jumble: The translations in the word list below have been scrambled. Draw lines between the left and right columns to find the correct translations.

```
L G P U M P K I N O L E M T Ä N
A R N F Y E L L O W P E P P E R
S E H I N I H C C U Z U P R M F
E E L G B A S S O T M L E A I D
T N I W J R K L E P E P K K L S
I P N R Ö H A I A I P I O E E E
R E I A R T N P R E R N R I A I
W P H A N E U Ä P P U R A T F R
C P C A B T B D A E A H E N I R
Y E C N Ä S E P S H P P A H A E
F R U M R R L H S S A N D D C B
U A Z Ö T U K A T A O N Ö Ö E K
U I K L G A U L H U R E A R R C
G D B E L Q M L N Q U M A N G A
K I H K S M N O E S E L P P A L
Ö E E Ä Ä O S N T O M A T O H B
```

APPLE	GRÖN PEPPAR
BANANA	GUL PAPRIKA
BLACKBERRIES	BANAN
CANTALOUPE	KALK
CHERRIES	TOMAT
FIG	FIKON
GREEN PEPPER	BJÖRNBÄR
LIME	ÄPPLE
PUMPKIN	NÄTMELON
RASPBERRIES	RÖD PAPRIKA
RED PEPPER	ZUCCHINI
SQUASH	SQUASH
TOMATO	HALLON
YELLOW PEPPER	PUMPA
ZUCCHINI	KÖRSBÄR

Review Time: Draw lines between the English word on the left and the corresponding translation on the right. Refer back to the original puzzle if you need help.

```
A W K G O B H L C U F O N I O N
N R Ä A G U M E M E G A B B A C
R T A S L A L S U G A R A P S A
T S O I B E R H B Å L B S Ö A U
T I Y R R R C L Ö K R R A C E L
Ä R D Y O A O U I O L O L Å P I
A R Ä D N M R C T C Y C L D N F
X A R I K G A E C T P C A U E L
L P P Å A R B D K O E O D S E O
Ä S L F R D L E T O L L S P R W
E E M O Ö Å D A E K H I A E G E
I L T R K I T A Å T I C T N Y R
A L C N V I T L Ö K S S I A F L
L E Ö S S H E I S E O T A T O P
E R Ä A K C O K S T R Ä N O R K
G I R T H G R Ö N A Ä R T O R A
```

ARTICHOKE	KÅL
ASPARAGUS	SPARRIS
BEETS	BLOMKÅL
BROCCOLI	SALLAD
CABBAGE	KRONÄRTSKOCKA
CARROT	SELLERI
CAULIFLOWER	LÖK
CELERY	GRÖNA ÄRTOR
GARLIC	GRÖNKÅL
GREEN PEAS	POTATISAR
KALE	VITLÖK
LETTUCE	SPENAT
ONION	BROCCOLI
POTATOES	MOROT
SPINACH	RÖDBETOR

Review Jumble: The translations in the word list below have been scrambled. Draw lines between the left and right columns to find the correct translations.

```
O I U F E N C E B N Y H S T L U
E D E H S E G E R A L L Ä K Ö K
L C T Y U H R U W M F U A E A G
I A I Z O C T E G A R A G W N A
V P O F H T V E T T D E A Ä N R
I A L M L I I F K S U H S M H A
N R R Ä R K M F G A N N P B T G
G T E D G I E U L L T Ö A W M E
R M H N A E G A R A G S F O U I
O E H Ä D G N A K V E R O D R N
O N G Ö H I S H S M O R F N D F
M T S E E O F R E Y H S O I A A
G S Ä B R A T N U T Ö T O W B R
G D N S E A T T A M S Ä R G H T
C M O O R D E B H H E Ö A A T O
N E L M O O R G N I N I D W A M
```

APARTMENT	GARAGE
BASEMENT	KÄLLARE
BATHROOM	FÖNSTER
BED	TAK
BEDROOM	SÄNG
DINING ROOM	VARDAGSRUM
DRIVEWAY	LÄGENHET
FENCE	SOVRUM
GARAGE	KÖK
HOUSE	BADRUM
KITCHEN	STAKET
LAWN	GRÄSMATTA
LIVING ROOM	MATSAL
ROOF	GARAGEINFART
WINDOW	HUS

Review Time: Draw lines between the English word on the left and the corresponding translation on the right. Refer back to the original puzzle if you need help.

```
E Q L O O P G N I M M I W S G N
N E C O H I M V N L O O P R G A
E Ö N J D U T I Z F O C U M L D
L B E A U E D O T O T E C U A F
H G T C B R C O I D S Å O V N L
D B A Ä A A A F T L Q N T O O Å
D V B G R L T K D R E S S E R O
A Q L P E M P H D S A T Ä Y K C
M R E T I U A E T A T P B V L U
M T T I L T E T R U B A P M L R
S O L A E K S Ö T I B E I A A T
U N M M D R Y E R A F J S R T A
G P R R N O Ö P P E N S P I S I
A F O A A T V Ä T T M A S K I N
R B O W H T O R K T U M L A R E
E N I H C A M G N I H S A W K J
```

BATHTUB	BYRÅ
CARPET	TVÄTTMASKIN
CHANDELIER	DAMMSUGARE
CURTAIN	ÖPPEN SPIS
DRESSER	TOALETT
DRYER	KRISTALLKRONA
FAUCET	POOL
FIREPLACE	TORKTUMLARE
LAMP	BORD
SWIMMING POOL	TORKTUMLARE
STAIRS	BADKAR
TABLE	MATTA
TOILET	LAMPA
VACUUM	GARDIN
WASHING MACHINE	TRAPPA

Review Jumble: The translations in the word list below have been scrambled. Draw lines between the left and right columns to find the correct translations.

```
O R Ä T N I K S A M K S I D I I
T O Å S W S C P K U A Ä R N V G
S T O L E T D J I R S D T L W R
D A I D P D U Ä D M I R R O R O
I R W P Å K S L Y K N V L A S L
S E I P H T C S L M K L B P S N
H G Ä A P L H Ä L Ä I N E O E S
W I A Å H O S N V P N G U T R E
A R W R W C L G M D E M S K T D
S F S E D C Y V E L V R B Ä T D
H E R N F E L A A O O I E L A U
E R I P N E R O U K Q D L F M K
R Ä H M L I H O S S N N L K H O
C R I B M S T U B E S H W A E N
N H A L L W A Y M T T E L T Å H
C E I L I N G F A N N L V E E U
```

CHAIR	UGN
CEILING FAN	STOL
CHIMNEY	GARDEROB
CLOSET	MADRASS
CRIB	AVLOPP
DESK	SKORSTEN
DISHWASHER	TAKFLÄKT
HALLWAY	SPEGEL
MATTRESS	DISKMASKIN
MIRROR	SKRIVBORD
OVEN	KUDDE
PILLOW	SPJÄLSÄNG
REFRIGERATOR	DUSCH
SHOWER	HALL
SINK	KYLSKÅP

Review Time: Draw lines between the English word on the left and the corresponding translation on the right. Refer back to the original puzzle if you need help.

```
I G H R D E S A L T U Z A I A Z
V B S S E E T Å H N A D Y T I M
S I P O R M K A R H I S G O E E
H A N V E I I S L L F K R F R O
E L E G Z F Z R E P P E P L A O
S T A L L R I K Å T C D I A G U
T A A G L A S N O O P S T H N W
G B S T D N S N K K I R C P I U
G L P E P P A R U N N L H N R E
U E A A D S O D S I U Y E I B F
M C I S X F S K M V Å G R N L Å
E L L P S D Å H G U L M R N L D
A O W O R L E F F A G S N H I E
G T O O E D E K S T A M I E T R
E H B N O O P S E L B A T S H H
N U R T E I A S T T E E S C S C
```

BOWL	BORDSDUK
FORK	TALLRIK
GLASS	KNIV
KNIFE	TESKED
MUG	SKÅL
NAPKIN	TILLBRINGARE
PEPPER	MUGG
PITCHER	SERVETT
PLATE	GAFFEL
SALT	PEPPAR
SPOON	VINGLAS
TABLECLOTH	SKED
TABLESPOON	SALT
TEASPOON	GLAS
WINE GLASS	MATSKED

Review Jumble: The translations in the word list below have been scrambled. Draw lines between the left and right columns to find the correct translations.

```
S K R U V H L G N T Z G Y I U E
C L A H D U A D A A H B Å L K N
R E Å E P A D M N E M E L D E E
E R I T E L D N M A L R E A R T
W A G I N E E D Å E B F N A U S
D G N N C P R V K H R T M U S F
R A Å B I I U C E D T M T W A S
I R T O L N Y A Å L A C E Å E O
V D T L L N K W N H I I N V M S
E V B T T O S C R E W A H M E E
R U E F P S E E A E A I N U P Å
E R I G P L S S A P N E T T A V
H K Å I D M I L N H T C A T T J
S S K R U V M E J S E L H E U H
A A L D I K U Å R C H U U R O N
W D O T T E G E T S H R O B H R
```

BOLT	SKIFTNYCKEL
DRILL	SKRUV
HAMMER	SÅG
LADDER	PENNA
LEVEL	SKRUVMEJSEL
NAIL	MUTTER
NUT	VATTENPASS
PENCIL	HAMMARE
PLIERS	SKRUVDRAGARE
SAW	PACKNING
SCREW	MÅTTBAND
SCREWDRIVER	BULT
TAPE MEASURE	TÅNG
WASHER	STEGE
WRENCH	SPIK

Review Time: Draw lines between the English word on the left and the corresponding translation on the right. Refer back to the original puzzle if you need help.

```
X D S T N A P S K C O S I O E Z
Ö Ä E T L Ä B G T L T O N W M Ö
H W O S R O X Y B E Ä Ö Ö H O C
Y R H P O O N B E I Ä N Z H R N
L O S I O S H R E T I H N A G O
G P G L O V E S M K O D K I O F
O M U S B T T Ö U C S S S C N A
Z U A E A R T S A E D S L K R G
D R L E O S F T E N C E T A O C
G T W H T R R S A V V R E N C R
B S S I A Ö A H T H C D E A K D
S Ä M C J M C K U A E R O C O H
Ö V S A A S S T C H F R H Ä E F
Ä E N J Ä I N A H A H B K N D D
I B A T H R O B E T J O Ä O Ö Y
R P Y J A M A S D M B D E G T U
```

BATHROBE	STRUMPOR
BELT	BYXOR
COAT	HANDSKAR
DRESS	SKOR
GLOVES	SHORTS
HAT	KLÄNNING
NECKTIE	SCARF
PAJAMAS	TRÖJA
PANTS	JACKA
SCARF	HATT
SHOES	PYJAMAS
SHORTS	SLIPS
SOCKS	BÄLTE
SWEATER	VÄST
VEST	MORGONROCK

Review Jumble: The translations in the word list below have been scrambled. Draw lines between the left and right columns to find the correct translations.

```
M Y T S O K S R E D N E P S U S
F D N A B M R A S K J O R T A W
N S L N G R I T G W J T S K E R
P A L D G O M Ö D N I O V U R I
T B S A N D A L S N I M L T I S
R T W L S F L P D B A H S Q E T
I R A E W R E D N U H B T U G W
K A B R A C E L E T Ä A S O I A
S L S O M E O E T A N D H L L T
E V Ä T E B R A C O G D I R A C
U Ö Ö D O J A S S A S R R O G H
T T E W E O Ö N E V L Ä T I U S
I S T A E R B A D F E K C Ö L L
S I N V V E D E S S N T C T F K
E S F Å H H Q J R I U E B E O T
R Ö P Å X R E D Ä L K R E D N U
```

WRIST WATCH	BEHÅ
BOOTS	BADDRÄKT
BOW TIE	SKJORTA
BRA	KJOL
BRACELET	UNDERKLÄDER
CLOTHING	ARMBAND
JEANS	HALSBAND
NECKLACE	STÖVLAR
SANDALS	KOSTYM
SHIRT	HÄNGSLEN
SKIRT	FLUGA
SUIT	JEANS
SUSPENDERS	KLÄDER
SWIM SUIT	ARMBANDSUR
UNDERWEAR	SANDALER

Review Time: Draw lines between the English
word on the left and the corresponding
translation on the right. Refer back to the
original puzzle if you need help.

```
M A K R Å H Å R T O R K T L T I
A Y K C I T S P I L E E O H S H
K S M I N K A U N A B D Å S K E
E M U F R E P W R E R O Z A R L
U T N D T F T R T B L K L W E C
P M V I E Å Ä S E R H Ä P H S I
A Ä A Å O N R D A Y P T A T N A
R R T Å L O T K E P R A O U I N
F K T N B O A A S O H D S O L Å
Y D E D A P O T L C D T R M T A
M N N R P R I P O F H O O I K O
R A O A S F O M M E L A R O A S
T T R F T G B D E A I O M A T H
T A N D T R Å D O O H W S P N H
T C O N T A C T L E N S E S O T
B H Ä E N T O S N A D H B V K E
```

COMB	TANDTRÅD
CONTACT LENSES	HÅRTORK
DENTAL FLOSS	TVÅL
DEODORANT	KONTAKTLINSER
HAIR DRYER	SMINK
LIPSTICK	PARFYM
MAKEUP	SCHAMPO
MOUTHWASH	MUNVATTEN
PERFUME	DEODORANT
RAZOR	TANDKRÄM
SHAMPOO	TANDBORSTE
SOAP	LÄPPSTIFT
TOOTHBRUSH	RAKAPPARAT
TOOTHPASTE	HÅRKAM

Review Jumble: The translations in the word list below have been scrambled. Draw lines between the left and right columns to find the correct translations.

```
S U H K U J S G D T Y B H K B T
U U T R A I N S T A T I O N R H
H L P M U S E U M S N N S O A P
U O I E N E B C Ä O T M P M N P
R O O G R T T A I O R R I U D F
A H B D H M N T R F I B T I S G
V C O I P T A E H A F Å A D T E
A S N R O T H R M S K O L A A G
H Å D B S F A O K T E E T T T E
E L G G T B Y E U E R C T S I D
F R Å M K F I R E S T A T I O N
K T R U O F F I C E E M P R N P
Å A D E N O I D A T S A Å E N S
F D A S T A L P G Y L F E H D H
Ä A Å U O T S M G W F T I R W R
I H S M R Ä F F A T A M T Å Ä Ä
```

AIRPORT	SKOLA
BAR	BONDGÅRD
BRIDGE	FYR
DEPARTMENT store	BRO
FARM	TÅGSTATION
FIRE STATION	SJUKHUS
HOSPITAL	POSTKONTOR
LIGHTHOUSE	KONTOR
MUSEUM	STADION
OFFICE	MUSEUM
POST OFFICE	BAR
SCHOOL	FLYGPLATS
STADIUM	VARUHUS
SUPERMARKET	BRANDSTATION
TRAIN STATION	MATAFFÄR

Review Time: Draw lines between the English word on the left and the corresponding translation on the right. Refer back to the original puzzle if you need help.

```
N O I T A T S S I L O P R A K I
Ä Ä P O L I C E S T A T I O N L
K E T O I L B I B P H X H M I E
K R P B H N E M O E O A A B P T
A L A A O S O T A L P H R A A N
F E A P R P E T O H E A Ä N Y U
F R L G T K E E A H R H F K T C
E O S T N R N R F Y A Å F N I G
S T D E S A M A A F H H A C S A
T S H A Ä A R Ä B H O R R E R X
Ä L Ä A C Ä C U O E U C E M E O
L O L Y R A P T A A S S T E V E
L T T P Ä B E H T T E P A T I I
E T O D Å L O S L L S E E A N A
T Å U N I V E R S I T E T R U L
R S E M O R D R Å G O K R Y K T
```

BANK	KAFFESTÄLLE
CASTLE	KYRKOGÅRD
CEMETARY	UNIVERSITET
COFFEE SHOP	HOTELL
HARBOR	PARK
HOTEL	AFFÄR
LIBRARY	TEATER
OPERA HOUSE	OPERAHUS
PARK	HAMN
PHARMACY	APOTEK
POLICE STATION	SLOTT
RESTAURANT	POLISSTATION
STORE	BANK
THEATER	RESTAURANG
UNIVERSITY	BIBLIOTEK

Review Jumble: The translations in the word list below have been scrambled. Draw lines between the left and right columns to find the correct translations.

```
S U B D E H Ä I U N N D S A O E
T L Y K S P P O T S U E A L T N
A T H P A R K I N G L O T O D T
L R N L T H G I L C I F F A R T
P T V E I G O L Y C K A T A E G
S Ä D K D B A C K T S K F E A A
G E O Y T I R T N W I I R S U S
N N T C B O C G U R K T S S T O
I A D R T E I C L L S T C U O L
R L T O U S N E A Y A I A B M I
E I M T P C K S A T F M L N O N
K B M O H N K W I F I D P S B E
R T T M E U E O A N C O N A I E
A S F L M N N R T K Ö R F Ä L T
P A M N O I T A T S N I S N E B
S L R R I Ä S G I D D A Ö A A T
```

AUTOMOBILE	VÄG
ACCIDENT	KÖRFÄLT
BUS	BIL
GAS STATION	STOPPSKYLT
GASOLINE	BENSINSTATION
LANE	TRAFIK
MOTORCYCLE	LASTBIL
ONE-WAY STREET	OLYCKA
PARKING LOT	BUSS
ROAD	ENKELRIKTAD
STOP SIGN	BENSIN
TRAFFIC LIGHT	PARKERINGSPLATS
TRAFFIC	GATULAMPA
TRUCK	MOTORCYKEL

Review Time: Draw lines between the English word on the left and the corresponding translation on the right. Refer back to the original puzzle if you need help.

```
E  T  S  N  A  L  U  B  M  A  I  T  S  L  L  L
O  S  M  L  F  I  S  G  A  H  H  S  Å  S  I  U
O  R  A  E  N  I  R  A  M  B  U  S  U  B  B  L
E  A  O  K  T  D  R  P  R  B  C  B  D  Å  S  D
H  C  D  Y  E  P  G  E  L  I  W  N  T  G  I  M
E  E  H  C  K  O  A  O  T  A  A  R  N  I  L  O
A  C  L  L  H  A  K  T  Y  R  N  E  J  A  O  R
J  I  N  I  Å  S  N  A  B  D  U  E  R  N  P  E
R  L  T  A  K  C  H  O  V  E  R  C  R  A  F  T
Ä  O  Ä  R  L  O  A  B  T  A  P  A  K  B  R  P
F  P  E  E  A  U  P  N  A  L  P  G  Y  L  F  O
E  L  C  Y  C  I  B  T  O  N  A  Å  A  E  E  C
R  R  O  Y  K  T  N  M  E  E  W  T  R  N  I  I
R  H  R  N  P  A  N  S  A  R  V  A  G  N  P  L
Y  E  A  M  D  O  S  C  H  O  O  L  B  U  S  E
H  T  S  O  K  R  A  F  V  Ä  V  S  R  T  T  H
```

AIRPLANE	KANOT
AMBULANCE	BÅT
BICYCLE	BRANDBIL
BOAT	AMBULANS
CANOE	FLYGPLAN
FERRY	SKOLBUSS
FIRE TRUCK	CYKEL
HELICOPTER	FÄRJA
HOVERCRAFT	TÅG
POLICE CAR	TUNNELBANA
SCHOOL BUS	POLISBIL
SUBMARINE	SVÄVFARKOST
SUBWAY	PANSARVAGN
TANK	HELIKOPTER
TRAIN	U-BÅT

Review Jumble: The translations in the word list below have been scrambled. Draw lines between the left and right columns to find the correct translations.

```
R O E D C G G G S F R E N C H H
K E E R G I F E S E N A P A J N
A K S I E R B E H G K O R E A N
K K I E A A I A L A R Y N A S C
S A S N U E K I R T T Y S K A B
I A S I E G S S U A V O E S E E
B K K R S H U G N I R A D N A M
A I P S E E I T E A K E G A K R
R T O K N S M T R O P E E P S A
A A L R I E N A R O L S R A I E
H L S S U A I E N S P Y M J K H
E I K R M S A L K T S C A C E S
B A A E H N S A A K E T N C R I
R N S H S N T I A T H I S V G L
E E R K M A N D A R I N V T E O
W S A T C P S P A N I S H T D P
```

ARABIC	JAPANSKA
ENGLISH	KOREANSKA
FRENCH	ARABISKA
GERMAN	POLSKA
GREEK	VIETNAMESISKA
ITALIAN	TYSKA
JAPANESE	HEBREISKA
KOREAN	ITALIENSKA
MANDARIN	PORTUGISISKA
POLISH	RYSKA
PORTUGUESE	SPANSKA
RUSSIAN	MANDARIN
SPANISH	FRANSKA
HEBREW	ENGELSKA
VIETNAMESE	GREKISKA

Review Time: Draw lines between the English word on the left and the corresponding translation on the right. Refer back to the original puzzle if you need help.

```
R O T C O D D D Ä H T R O T C A
R T E Ä R E T N E P R A C K V C
E S A A L B R A N D M A N E O L
C I C D R E R A K C I N S T L Q
I R H V E F R T K D E N T I S T
F T E O E P I Ö T Ä E R U K A L
F A R K N K O R J L L R Å R I T
O I A A I E O L E N C D C A S U
E H K T G R P C I F E H N N T E
C C Ä R N A T S K S I G E A E L
I Y L T E R Ä K P T P G N F T A
L S F E I Ä A E E I A I H I X W
O P V C E L L C L L D O L T N Y
P E I I I A T O N R E N S O E E
P A K S R E T Ö K S K U J S T R
N F R E K I R T A I K Y S P Z E
```

ACTOR	SJUKSKÖTERSKA
ARCHITECT	ADVOKAT
CARPENTER	TANDLÄKARE
CHEF	LÄRARE
DENTIST	PSYKIATRIKER
DOCTOR	KOCK
ELECTRICIAN	INGENJÖR
ENGINEER	BRANDMAN
FIRE FIGHTER	POLIS
LAWYER	SKÅDESPELARE
NURSE	PILOT
PILOT	SNICKARE
POLICE OFFICER	ARKITEKT
PSYCHIATRIST	LÄKARE
TEACHER	ELEKTRIKER

Review Jumble: The translations in the word list below have been scrambled. Draw lines between the left and right columns to find the correct translations.

```
R N T G N Ö R O S I V E R T A Z
E T P A R A M E D I C I N S K A
K Ö W G T S I T N E I C S I R R
I B M A X B A C T U I O P R Ä T
S L A K T A R E I N E G G O N I
U K Z R H L L V A T D C U L T S
M P R Ö B H C H B F I V N F S T
I O M Ä T E C Y R D P L O O N E
D L U A D E R Ö E L T R O A O R
R I S M M D R M U R S A T P K A
O T I B F M A M E K A N I K E R
T I C D O R B R A L U S T L R E
T K I K A E C R E O H O N I O B
A E A P R R E H C T U B D A T R
R R N B D A N C E R R S Ö V D A
E R A L D N A H R E T S M O L B
```

ACCOUNTANT	FORSKARE
ARTIST	RÖRMOKARE
ATHLETE	POLITIKER
BARBER	SLAKTARE
BUTCHER	SKRÄDDARE
DANCER	KONSTNÄR
FLORIST	MUSIKER
MECHANIC	DANSARE
MUSICIAN	REVISOR
PARAMEDIC	BARBERARE
PLUMBER	BLOMSTERHANDLARE
POLITICIAN	MEKANIKER
SCIENTIST	IDROTTARE
TAILOR	PARAMEDICINSK

Review Time: Draw lines between the English word on the left and the corresponding translation on the right. Refer back to the original puzzle if you need help.

```
T L Y R E V I R D I X A T L M F
R A C E V E T E R I N A R I A N
Ä Ö D D I N A O O G X Å B R I C
D V F L F I J Z Ö I E R M V L T
G E K F O I I O C T E E E H C E
Å R R J U S S H U V R T R S A R
R S N A O A A H B R E X O A R A
D Ä J F K U H Ä E R N P T R R K
S T E E F E R C I R H A A E I S
M T E F W A T N S O M R L V E I
Ä A Ö E R E Ä O A S F A S I R F
S R N E B R L D P L U Q N R S C
T E S O L D I E R A I B A D M T
A Ö N R E N E D R A G S R S W E
R D L P H A R M A C I S T U F U
E R A R E L E V U J Ö W Ä B T T
```

BUS DRIVER	BONDE
FARMER	VETERINÄR
FISHERMAN	BREVBÄRARE
GARDENER	FISKARE
JEWELER	TRÄDGÅRDSMÄSTARE
JOURNALIST	BUSSCHAUFFÖR
MAIL CARRIER	TAXICHAUFFÖR
PHARMACIST	ÖVERSÄTTARE
SOLDIER	JOURNALIST
TAXI DRIVER	JUVELERARE
TRANSLATOR	SOLDAT
VETERINARIAN	APOTEKARE

Review Jumble: The translations in the word list below have been scrambled. Draw lines between the left and right columns to find the correct translations.

```
Q T E N E F M E R K U R I U S H
N E D V H S D I O R E T S A E S
L T S W E S L A A T E S S T D O
Y O S N T N G N I J N T T H M L
U F T M K O U P I O E A A A E S
D L N S O S U S O R Å H R R R Y
N Å Å D M J G M O D E P E E C S
Å O C O E N B I H E A R T H U T
N E H N T W D N C N T I A N R E
T E Å A U U L I R G P S R E Y M
A M P T T O L E S U N U K P S A
U T W T H S V P J E T N L T S R
I A T W U D V A L A C A D U O S
X S Z N P N U O S U C R S N Å O
R T E M O C U E W L T U L E H L
S V M E T S Y S R A L O S R A M
```

SOLAR SYSTEM	VENUS
MERCURY	MARS
VENUS	ASTEROID
EARTH	PLUTO
MOON	SOL
MARS	NEPTUNUS
JUPITER	SOLSYSTEM
SATURN	JUPITER
URANUS	SATURNUS
NEPTUNE	URANUS
PLUTO	MÅNE
SUN	MERKURIUS
CRATER	KRATER
ASTEROID	KOMET
COMET	JORDEN

Review Time: Draw lines between the English word on the left and the corresponding translation on the right. Refer back to the original puzzle if you need help.

```
V I O L I N O I D R O C C A S F
A A B U T L G Ö T R T J Ö L F M
S P E T L R Q A R R A T I U G U
S Ä R E R Ö U T U B A G I O S N
A O C A L T Ä M M N T H S S T S
P P T K H E M S P C O T L P E P
G I D E P O H S E E D B O F E E
G S A I R I O A T P T S M I N L
J S A N E Ö P X R Ö I C I O I P
A N I E O T E O E M E P F L R R
O R O T S I N P R L O O G A U T
R D E Ö N A C H L E X N H A O F
Y Ö E I S N C O T A Ä R I O B L
T N H H O N S N S M U R D C M U
Ä F L Ä E X L E N I R U B M A T
A Ö S I I E E E N O B M O R T E
```

ACCORDION	FLÖJT
BAGPIPES	SÄCKPIPOR
CELLO	FIOL
DRUMS	CELLO
FLUTE	HARPA
GUITAR	TUBA
HARMONICA	TAMBURIN
HARP	TRUMMOR
PIANO	TROMBON
SAXOPHONE	GITARR
TAMBOURINE	PIANO
TROMBONE	SAXOFON
TRUMPET	DRAGSPEL
TUBA	MUNSPEL
VIOLIN	TRUMPET

Review Jumble: The translations in the word list below have been scrambled. Draw lines between the left and right columns to find the correct translations.

```
Y R R Ä D D A K S A R R E V Ö Å
Z R S J Ä L V S Ä K E R R O P W
E F G S S B A A T E U Ö N R S I
I V A N O R L D L A N H O Ö E H
T R Ä R A T E Ä O Y D U V T L E
M K E H D R D T T A D R V G E O
Y D D L A E S N S D E I R R O W
H H E C R E E M N N T U Ö E U O
D N S S R D N G N O I T O M E S
A E U R I S O I A E C T C L H I
N Y F F V R U L Y B X R G Y E H
M S N C R E P O P P E Å I C I A
H O O S Ö G I R V I P K B K U O
C U C H F S G O U R E A D L Ö Ä
U E M B A R R A S S E D H I Y N
M N D I E F A D A R E N E G N G
```

EMOTION	FÖRVIRRAD
HAPPY	NERVÖS
SAD	GENERAD
EXCITED	BLYG
BORED	ARG
SURPRISED	OROLIG
SCARED	KÄNSLA
ANGRY	LEDSEN
CONFUSED	ÖVERRASKAD
WORRIED	STOLT
NERVOUS	RÄDD
PROUD	LYCKLIG
CONFIDENT	SJÄLVSÄKER
EMBARRASSED	UTTRÅKAD
SHY	IVRIG

Review Time: Draw lines between the English word on the left and the corresponding translation on the right. Refer back to the original puzzle if you need help.

```
E D O T X O P N E K C I H C Y A
Ä K Ä A O A R G D P G O B G A G
H E O R E B E F N R O D R T S N
I F E R R H D E E L B E S O N I
R Ö E V T H R L Å T L O O N E N
C R A M P S L R M L H H N Ö U D
T K O Å T A K R A M P E R P L Ö
E Y R P E R N E L I F O G E F L
T L H Ä P Å C O L D D R Ö O N B
E N F E V O N O I T C E F N I S
S I E A A D K A U T S L A G A Ä
T N V D I D U T U G K E O V E N
R G E A R L A V T S H E L J A G
O O R L F L E C U A E R F L C A
K R S Ä E Z L Ä H H V A I N Ö F
E D I A B E T E S E T E B A I D
```

ALLERGY	DIABETES
CHICKENPOX	KRAMPER
COLD	DIARRE
COUGH	ALLERGI
CRAMPS	INFLUENSA
DIABETES	FÖRKYLNING
DIARRHEA	NÄSBLÖDNING
FEVER	FEBER
FLU	UTSLAG
HEADACHE	HOSTA
INFECTION	STROKE
NAUSEA	HUVUDVÄRK
NOSEBLEED	VATTKOPPOR
RASH	INFEKTION
STROKE	ILLAMÅENDE

Review Jumble: The translations in the word list below have been scrambled. Draw lines between the left and right columns to find the correct translations.

```
H G U H A W O O R S B R Ä N N A
T M H O E K R Ä M Å L B D O C I
Å N I J T G N I L S S Ä M C R G
T F O G Ä E G R C B R U I S E N
H E F G R R P U S A H D Ä U S I
T P U H A Ä T I R K E R E H S N
T I M I K M N A L N Ä A E T O K
I L N F U E V N T E F R O I O A
E E Ä M J A R R A T P M S L S K
H P P S S S H U I R A S Y Å P S
V S E T S L N B T C U C Y A R N
R I H U Å E A H H C K T K I A R
F M R N P S C A N A A N K E I Ä
A I O U T S C O E O U R I A N J
V H N M S H C I B H N N F N R H
R D A H E A R T A T T A C K G F
```

ACCIDENT	FRAKTUR
ASTHMA	SKÄRSÅR
BRUISE	PÅSSJUKA
BURN	BLÅMÄRKE
CONCUSSION	HJÄRTATTACK
CUT	OLYCKA
EPILEPSY	ASTMA
FRACTURE	VIRUS
HEART ATTACK	BRÄNNA
MEASLES	VRICKNING
MIGRAINE	MAGONT
MUMPS	HJÄRNSKAKNING
SPRAIN	MIGRÄN
STOMACH ACHE	EPILEPSI
VIRUS	MÄSSLING

Review Time: Draw lines between the English word on the left and the corresponding translation on the right. Refer back to the original puzzle if you need help.

```
S Ö H X A E A C T W O K I N C E
T W H A T T I M E I S I T R A M
A H V I T L L Z E O Z Y A G N M
V Y E A B T O L S V A F N T Y W
A H R L R E W H A T W Å L M O L
R Ö I T Å H C R U O M W O E U W
F H B E Y R T A H R U H S U H N
Ö C M I A U Ö O U C M T O O E A
R M Q S F D E H O S U Y W W L O
Ö O Ö O S R Ä W U Y E M C T P T
Å V Å T E Å Ö E D R A V W K M E
E E A H P M S A A N L N H O E G
C H W E O R E W Y T I Å E E H T
N H E Å A U O A T V L E N E Ö X
K A N D U H J Ä L P A M I G O T
R Ä N A K C O L K R Ä D A V T C
```

BECAUSE	VAR
HOW	VAD ÄR KLOCKAN
HOW ARE YOU	FÖR ATT
HOW FAR	HUR MÅR DU
HOW MANY	HUR MÅNGA
HOW MUCH	NÄR
CAN YOU HELP ME	VEM
WHAT	HUR MYCKET
WHAT TIME IS IT	VARFÖR
WHEN	VAD
WHERE	KAN DU HJÄLPA MIG
WHO	HUR
WHY	HUR LÅNGT

Review Jumble: The translations in the word list below have been scrambled. Draw lines between the left and right columns to find the correct translations.

```
A H R E Z I T E P P A N T E D A
F T E S W I F S Ö L A M O R N H
U Y T Y P G Q N A P U E I F I A
T N T Ä I H N V K F D N O R T P
Q O E R R T I I D E K Y C S E T
Ä T V M A D N U S I T A I H S I
Ö A R R T S U S I M N L E I Ö T
S N E E Ä S E V I K N N L R O R
Ä O S T S R O R U I H E E A B E
L T K I T S D K V H N S L R A T
I N C A H B E S U I T E H T V A
A I Y W E I K D W R T S Ö P U R
U T R P B C E H O T F Ö D W O E
G A D D I M T O A T E T R O Y F
F X V R L T M O R D H C N U L F
S E D D L S M A I N C O U R S E
```

APPETIZER	TOALETT
BREAKFAST	NOTAN
DESSERT	SERVETTER
DINNER	VINLISTA
DRINK	FRUKOST
EAT	DRYCK
LUNCH	ÄTA
MAIN COURSE	DRICKS
MENU	SERVITÖR
NAPKINS	MENY
RESTROOMS	HUVUDRÄTT
THE BILL	MIDDAG
TIP	DESSERT
WAITER	APTITRETARE
WINE LIST	LUNCH

Review Time: Draw lines between the English word on the left and the corresponding translation on the right. Refer back to the original puzzle if you need help.

```
B G M O R X N B T Y T E T Z M A
E Y Ö Ö T T H O T E L L R O H D
G N Ä S E S O O I E N T O T N O
E R A T L I F I W S G R I H G N
D P I Ö H R T O L Ä I V E O N O
B U E R G O T G Ö E S V Ö T O T
S L C I L O Y E M D T O E E N D
P T I N E M Ö I H H E P E L B I
N V V T K S A N B A K G A A E S
I A R E C E P T I O N A A P D T
D P E S Y R Y E D O A D O G E U
Ö O S C N V S R J S L Ä D V A R
I E M E A I Ä N E A B M E U A B
U D O Ö C C M E G A G G U L K D
S T O A L E T T P A P P E R S Ö
L T R E C E P T I O N T A Y C I
```

BED	TOALETTPAPPER
BLANKETS	HANDDUK
DO NOT DISTURB	FILTAR
GYM	RUM
HOTEL	SVIT
INTERNET	SÄNG
KEY	STÖR INTE
LUGGAGE	GYM
RECEPTION	TV
ROOM	ROOM SERVICE
ROOM SERVICE	HOTELL
SUITE	NYCKEL
TELEVISION	INTERNET
TOILET PAPER	BAGAGE
TOWEL	RECEPTION

Review Jumble: The translations in the word list below have been scrambled. Draw lines between the left and right columns to find the correct translations.

```
P Ö O T G N I R E E N I G N E S
A P H Y S I C S S C I E N C E T
K H G M H T D F Å R Å F H G C S
S I A Ö O I Y E Ö I T L A R O Å
N L T A F S S E N I S U B B N L
E O E A I H B T G I G F I N O S
T S R K M G N O O N C F T E M B
E O Ö E U E L G A R O I G V I E
V P F A S O T L E S I T D O C E
W H N O I G Y A O O K A L E S I
S Y M B K R L L M E G O Ö V M E
P D X U O A I N V H G R N K A Å
R I T T S F R F A Y T I A S R L
Å E S S N I C I D E M A M P T L
K I N K E T C Y R T S I M E H C
H E E H J I M O N O K E S S K Y
```

ART	MATEMATIK
BIOLOGY	GEOGRAFI
BUSINESS	FILOSOFI
CHEMISTRY	SPRÅK
ECONOMICS	MEDICIN
ENGINEERING	VETENSKAP
GEOGRAPHY	HISTORIA
HISTORY	MUSIK
LANGUAGES	TEKNIK
MATH	BIOLOGI
MEDICINE	KONST
MUSIC	FÖRETAG
PHILOSOPHY	FYSIK
PHYSICS	EKONOMI
SCIENCE	KEMI

Review Time: Draw lines between the English word on the left and the corresponding translation on the right. Refer back to the original puzzle if you need help.

```
M U L T I P L I K A T I O N J G
G E P N O I S I V I D P O K M I
L C T O C A R A G L E I S F U E
R N O I T I D D A R T I M I L A
A N Y T H E T J C C T I D B T H
L T R K R S N E A E R Q E S I E
U N T A R I N R M T H Q U L P K
C O E R L T T T E H U B A L L V
I I M F A B I M X A T A P E I A
D T O G U R O K T R R I A L C T
N C E S A E A I A L N Ä R L A I
E A G P G H O K H N H O A A T O
P R O C E N T S A T S H L R I N
R F A D D I T I O N N T L A O R
E F T N O I S I V I D B E P N L
P V I N K E L R Ä T R U L E R S
```

ADDITION	ADDITION
ARITHMETIC	ARITMETISK
DIVISION	FRAKTION
EQUATION	PROCENTSATS
FRACTION	SUBTRAKTION
GEOMETRY	DIVISION
MULTIPLICATION	PARALLELL
PARALLEL	MULTIPLIKATION
PERCENTAGE	VINKELRÄT
PERPENDICULAR	GEOMETRI
RULER	EKVATION
SUBTRACTION	LINJAL

Review Jumble: The translations in the word list below have been scrambled. Draw lines between the left and right columns to find the correct translations.

```
Y  L  A  N  O  I  T  A  N  R  E  T  N  I  P  I
O  D  V  A  L  P  S  T  T  T  E  J  L  I  B  S
H  O  G  L  I  I  A  E  N  H  F  F  S  I  Y  I
L  C  Å  P  N  R  T  E  R  M  I  N  A  L  N  N
A  I  N  G  H  E  O  E  N  A  I  R  P  O  R  T
N  T  G  Y  E  C  K  E  F  F  O  E  K  A  T  E
D  S  A  L  M  Ä  U  A  N  K  O  M  S  T  E  R
N  E  R  F  S  P  A  S  S  P  O  R  T  T  R  N
I  M  P  B  K  M  A  R  T  S  B  Y  A  C  M  A
N  O  P  A  S  S  U  I  R  O  T  G  L  N  I  T
G  D  H  G  R  N  H  T  R  I  M  A  P  E  N  I
S  F  B  G  W  T  I  T  R  C  V  S  G  I  A  O
B  P  I  A  V  C  U  U  T  G  R  A  Y  F  L  N
A  R  Y  G  K  L  C  R  Å  J  G  A  L  S  D  E
N  I  E  E  L  E  O  N  E  A  R  T  F  S  T  L
A  Å  T  D  S  P  G  O  B  S  Ä  Ä  G  T  W  L
```

AIRCRAFT	SÄKERHET
AIRPORT	INHEMSK
ARRIVALS	AVGÅNGAR
BAGGAGE	TULL
CUSTOMS	PORT
DEPARTURES	AVGÅNG
DOMESTIC	INTERNATIONELL
GATE	PASS
INTERNATIONAL	ANKOMSTER
PASSPORT	FLYGPLATS
RUNWAY	BAGAGE
SECURITY	LANDNINGSBANA
TAKEOFF	FLYGPLAN
TERMINAL	BILJETT
TICKET	TERMINAL

Review Time: Draw lines between the English word on the left and the corresponding translation on the right. Refer back to the original puzzle if you need help.

```
J O R D B R U K A R E R I E T T
S W N L S O O E O Y Å O Å S N A
W Y E K N O D T M F E T K C U D
E E Å H Ä S T H C D L K I G L Ö
E I A E R T H S A A F A R M E R
I N P H L E O E M N R R M U T G
S A S P O R C B E U Å T I M T K
Ö F I E U R E O J P K G H Ö F Y
I P R N P T S T W O I A R D R C
E O G E T S S E Ä T R G L A A K
Ö N E N E O U H H L F Ö L K G L
S N W N H N B U E S Ö I U N O I
M T R T A V A U I M N L B A A N
T U L N H H P S H N U Å Y T T G
L A G Y Ö S E S N S L E H Y H R
L T E D N E K C I H C E G Å A T
```

BULL	HÄST
CHICKEN	TUPP
COW	KO
CROPS	KYCKLING
DONKEY	ÅSNA
DUCK	ANKA
FARMER	TRAKTOR
GOAT	GET
HORSE	GRIS
LAMB	FÅR
PIG	GRÖDA
ROOSTER	KALKON
SHEEP	JORDBRUKARE
TRACTOR	TJUR
TURKEY	LAMM

Review Jumble: The translations in the word list below have been scrambled. Draw lines between the left and right columns to find the correct translations.

```
A T G L M U E S U M U V E P O Ä
S S G N K O O B E D I U G A A M
M I K H I D N R E D R O C M A C
S R R O N N M U E A R E K R A P
N U E L N U V O M E R Y A X A A
E O N N S S K I S E R E S D T R
D T I E O A T E R E N N M T A K
I I U T M I L G L K O T R A K S
U M R E A E T L A I S A S O K M
G E R E D M A A T L K E B A O T
R A I A C G R C M T L E B N Y A
U R R E T T A O I R D E U G T I
O E U R Ä R I O F I O M R R Ä O
T M A I T A N O U N E F A I S V
Y A Y T N E T G N N I K N T V M
E C A W R S W E T S T U R I S T
```

ART GALLERY	VÄGBESKRIVNING
ATTRACTIONS	ATTRAKTIONER
CAMCORDER	VIDEOKAMERA
CAMERA	GUIDEBOK
DIRECTIONS	MONUMENT
GUIDE BOOK	INFORMATION
INFORMATION	RESELEDARE
MAP	PARKERA
MONUMENTS	KARTA
MUSEUM	TURIST
PARK	RUINER
RUINS	KONSTGALLERI
TOUR GUIDE	KAMERA
TOURIST	MUSEUM

Review Time: Draw lines between the English word on the left and the corresponding translation on the right. Refer back to the original puzzle if you need help.

```
D S E S S A L G N U S T A H Ö F
R Ä O H A V E D C A E T S Ö V T
A G K O H E L O N K K O N D H P
U A U V Ö P S Ö C A L L A N V S
G O S E T P E U V E S S T A G Ö
E F T L F C B D T L A D H B E T
F T H Å F N A S V T S N E A L S
I H N Å R B D G U X O A K G T O
L S A E W H N E E R C S N U S T
O W M D W I A E F H F I I E A D
R T L Ä N S R F Å N M I H T C F
N R C M R A T P Ö M S U N D D E
H Ä I O U K S M I B I S L G N Q
X S G A A G L W A V E S T W A H
W Å E D A P S O G N I F R U S Z
V S S O L G L A S Ö G O N I I B
```

BEACH	SURFING
BUCKET	SOLGLASÖGON
HAT	BADVAKT
LIFE GUARD	SANDSLOTT
OCEAN	SIMNING
SAND	SAND
SANDCASTLE	STRAND
SEA	SOLKRÄM
SHOVEL	SPADE
SUN	SOL
SUNGLASSES	HINK
SUNSCREEN	HATT
SURFING	VÅGOR
SWIMMING	HAV
WAVES	HAV

Review Jumble: The translations in the word list below have been scrambled. Draw lines between the left and right columns to find the correct translations.

```
M A U N H Ö G L L A M S M O I A
J V S W L H G I H L M S S B E V
U W Å E L N T U L A F P R R E Y
K O R T Å E S A L Å E E I T O G
R R G L N H T F O S D G A S Å Å
T R O H S O S T W R I Ö W D V L
S A O T I F A E A B W D N M A W
Ö N D T S E Ö H E R S L T E P G
I R R A I U S I E A O R E O N T
Y L Å G B T E R T A N H Å Å I Ö
I Y H H T D N D T R R N D D H C
R W W A S E X L V T A Å L N I A
C C H Å D A H O S W R E H N A S
Ö O R X Å E U U T D Å U I H O N
Q E D Å C H O E O O B B X I O L
N E Å T N U Ö S S I R Ö I S F E
```

BIG	LITEN
SMALL	STOR
WIDE	HÖG
NARROW	KORT
TALL	LÅG
SHORT	MJUK
HIGH	SMAL
LOW	DÅLIG
GOOD	TORR
BAD	HÅRD
WET	BRA
DRY	LÅNG
HARD	BRED
SOFT	VÅT

Review Time: Draw lines between the English word on the left and the corresponding translation on the right. Refer back to the original puzzle if you need help.

```
S E Ä P E E V I S N E P X E H M
I Y O R L Å W T H E H A S Å Ö A
R P R R H A X H O P A L A G G C
W T O O Y P S A H P W G B N L E
R U E T L L A K Ö Ö Ö A A O J P
S S H W O M A E C Y L E S R U I
H H S D I R T Y H U L E A W D E
O G M F I A O M D C D L O C D R
O I I G A V N G S Y B L E I G N
A S H L N Å K G R B S B O F N R
N T R O L H E O S N S R A T Ä I
Q U I E T I P Ö S R I S Ä N T T
O M L N N E B O C E T E A T S F
Y S I O N U A D Å S H S A Y E Ö
F M A S G N Å L T A R Ä T T E G
R Ö H D H B O Å S U P R N U E F
```

FAST	STÄNGD
SLOW	SMUTSIG
RIGHT	HÖGLJUDD
WRONG	TYST
CLEAN	KALL
DIRTY	SNABB
QUIET	FEL
NOISY	VARM
EXPENSIVE	BILLIG
CHEAP	LÅNGSAM
HOT	REN
COLD	RÄTT
OPEN	ÖPPEN
CLOSED	DYR

Review Jumble: The translations in the word list below have been scrambled. Draw lines between the left and right columns to find the correct translations.

```
S G N I N N I G E B B T T G I Ä
S V B Ö R J A N O N O H E O X U
Y S A E A M B Y I L E A O N W N
O T T G M M E K D H N C T Å L S
A S O A E Ö Q A L A T R E R T D
Ö I L M R R R E E D Ä E B S R I
P S P U E K Å W H P Ö F A E T F
S T E F T S V Å O Ä T Ä W T A F
Y R H W M E S Ö F A R F B H O I
Å O E G R N T D S Ä Ä S Ä E T C
D N B A I D Ä A N T Å Å O L C U
L G E U A L E Å R Å E J A A U L
Å E V Ä R L D A T Å E Q Å E N T
Ä E N N S U J L Ä T T I T F U B
I O G L N F U L L S C I E N B D
S F I Ä E E O H W P B S N H M M
```

FULL	LJUS
EMPTY	LÄTT
NEW	GAMMAL
OLD	TOM
LIGHT	FET
DARK	STARK
EASY	SLUTET
DIFFICULT	SVAG
STRONG	MÖRK
WEAK	BÖRJAN
FAT	NY
THIN	FULL
BEGINNING	SVÅR
END	TUNN

Review Time: Draw lines between the English
word on the left and the corresponding
translation on the right. Refer back to the
original puzzle if you need help.

```
G Ö Å Å E F H O Ä O E B A Y F T
N U Å Ä Y A V E A M O Ä N A T U
I C E G V L L A F I R W O M Ä O
Ä O Ö I L Ö R A A G H C M R X H
K Ä T A G O H R O G T F A T L T
L I A U T F C I Ä I E D L A O I
Ä I Å R T Å S M E D V A S L J W
P G A R P E E A N I S R T C L D
Ä N C R A R N J O T Ö Ä A A A K
P T C Å F A T N S S O N T F N A
I W T B T H N R I H W E T N T T
Y L R A E D I S N I F M R Å N Å
W Å A R R F T N T T N H T Ö H N
T N E L H A O H E R E H A O F C
O G N T A T S R Ö F Ä A G P A I
J T O U T S I D E R N A T H Ä D
```

NEAR	UTAN
FAR	FÖRSTA
HERE	SISTA
THERE	DÄR
WITH	EFTER
WITHOUT	INNE
BEFORE	NÄRA
AFTER	MED
EARLY	SEN
LATE	TIDIG
INSIDE	FÖRE
OUTSIDE	UTE
FIRST	HÄR
LAST	LÅNGT

Review Jumble: The translations in the word list below have been scrambled. Draw lines between the left and right columns to find the correct translations.

```
O L P I F P T I L E M Y E E A H
D O H E M Å R L D T T U U E P C
B T O L P L A S T I C M L T L N
I T D P T T P T R E A Q E I C E
E R Y N E L P E Å T D M U Ä E N
T O M M A R O N E N W M O I T E
E S F S E S K R Z O O A D N I U
T D T P E D I I O S S I T L D I
E L P Å P A T D S I B P N J I E
R O S I L V E R N E H E Å Ä A O
C G T L A T E M Ä A O S T S M D
N I O E T S Ä L G G S Z I O A L
O E N R I S L C L A Y L E E N U
C E E A N I T A L P V E S J T G
Y A Å Ä U M S G L E E T S O A N
E T E F M A T E R I A L R H T R
```

CLAY	PLAST
CONCRETE	GULD
COPPER	STEN
DIAMOND	GLAS
GLASS	BETONG
GOLD	PLATINA
MATERIAL	STÅL
METAL	LERA
PLASTIC	DIAMANT
PLATINUM	SILVER
SAND	SAND
SILVER	MATERIAL
STEEL	METALL
STONE	TRÄ
WOOD	KOPPAR

Review Time: Draw lines between the English word on the left and the corresponding translation on the right. Refer back to the original puzzle if you need help.

```
O A L E E T S S S E L N I A T S
M Ä E E A P N R C E R A M I C N
Ä L T A Ä T Ä A A Ä D E T H U D
O Å C E M E N T J G T A P U H A
I T O Ä G R H E E O N R E P E N
L S T O K E R A M I K I L L A Å
T T T K R B L L U E R U S T G P
N T O Y W B J M E W C O I S L G
T I N R G U O Å A P S T N R Ä U
J R I Q T R R Å O K A H C N D M
N F A R B Å D O K R C P D M E M
S T R N O O D S M Y S I E A R I
L S L E M G S S A R B Ä R R Å H
S O I L U R L E G F A F O B I H
I R N Y L B M M U N I M U L A E
S E S A L U M I N I U M E E Ä A
```

ALUMINUM	BOMULL
BRASS	PAPPER
BRICK	KERAMIK
CEMENT	ROSTFRITT STÅL
CERAMIC	BLY
COTTON	GUMMI
IRON	CEMENT
LEAD	MÄSSING
LEATHER	ALUMINIUM
MARBLE	LÄDER
PAPER	JORD
RUBBER	JÄRN
SOIL	TEGEL
STAINLESS STEEL	TITAN
TITANIUM	MARMOR

Review Jumble: The translations in the word list below have been scrambled. Draw lines between the left and right columns to find the correct translations.

```
T V R G I E N G A P M A H C E S
Ö O N I C C U P P A C B A H N N
M D E I N H M H G A Ö I Ö O I A
J K T L V I A N G Y F O C S W T
Y A T E L T V M Ö D K R G F E O
S S A K A A T D P N N S T N T S
C T V N H E E I Ö A I Y I E I W
W Y M Ö F W S L V R G G E H H V
T H T H S I D Q L B E N R Y W L
H U D W O L N N J U I C E S E M
A O Ö E A T L E D W E K E O K O
O V O L B R A N D Y S M F A L H
Q H C L M T T E C I U J F K Ö C
Q H W B E E R O H R W F O D J S
D U D R G M A W A T E R C O M Ö
B T E C A P P U C C I N O V Ö F
```

BEER	CAPPUCCINO
BRANDY	KAFFE
CAPPUCCINO	GIN
CHAMPAGNE	MJÖLK
COFFEE	ÖL
GIN	JUICE
JUICE	CHAMPAGNE
MILK	VODKA
RED WINE	ROM
RUM	VITT VIN
TEA	BRANDY
VODKA	VATTEN
WATER	RÖDVIN
WHISKEY	TE
WHITE WINE	WHISKY

SOLUTIONS

SOLUTION 001

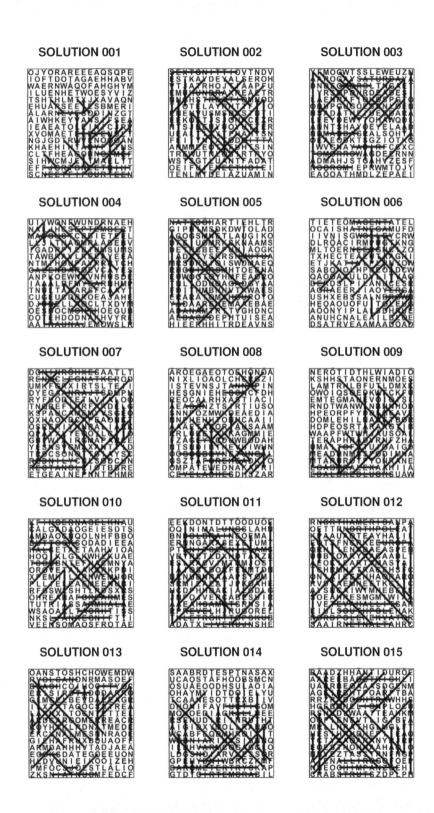

SOLUTION 002

SOLUTION 003

SOLUTION 004

SOLUTION 005

SOLUTION 006

SOLUTION 007

SOLUTION 008

SOLUTION 009

SOLUTION 010

SOLUTION 011

SOLUTION 012

SOLUTION 013

SOLUTION 014

SOLUTION 015

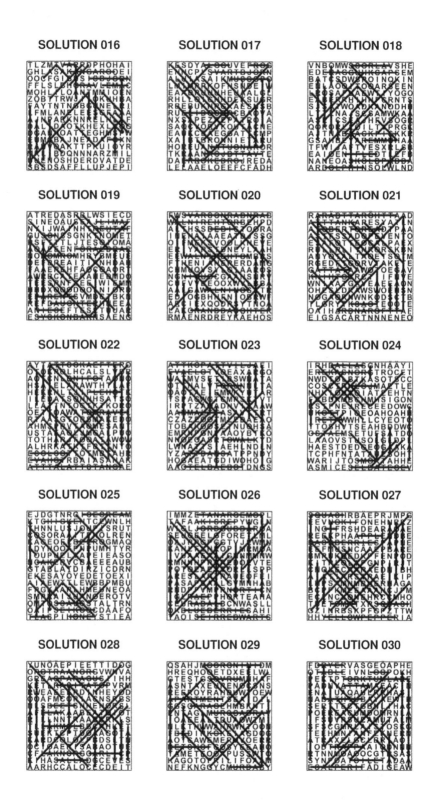

SOLUTION 016 SOLUTION 017 SOLUTION 018

SOLUTION 019 SOLUTION 020 SOLUTION 021

SOLUTION 022 SOLUTION 023 SOLUTION 024

SOLUTION 025 SOLUTION 026 SOLUTION 027

SOLUTION 028 SOLUTION 029 SOLUTION 030

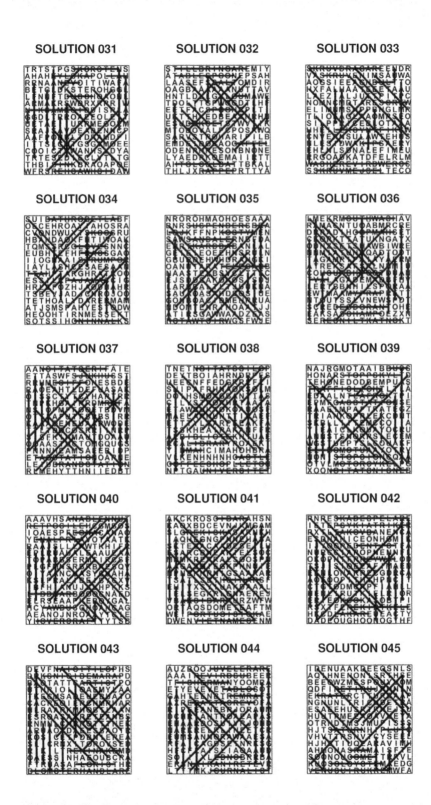

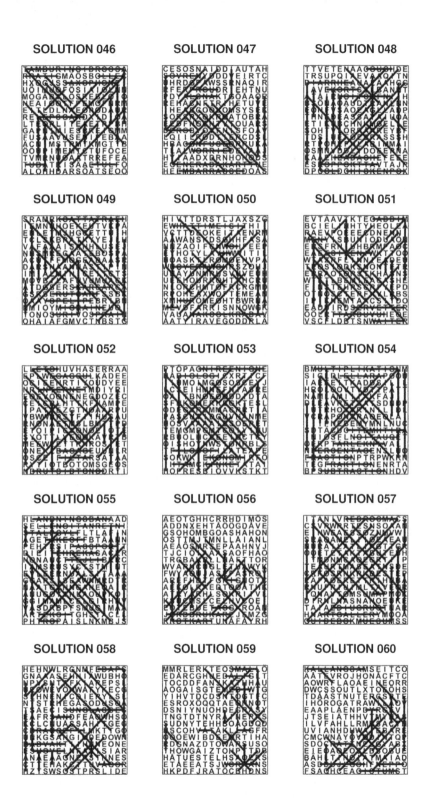

SOLUTION 046 SOLUTION 047 SOLUTION 048

SOLUTION 049 SOLUTION 050 SOLUTION 051

SOLUTION 052 SOLUTION 053 SOLUTION 054

SOLUTION 055 SOLUTION 056 SOLUTION 057

SOLUTION 058 SOLUTION 059 SOLUTION 060

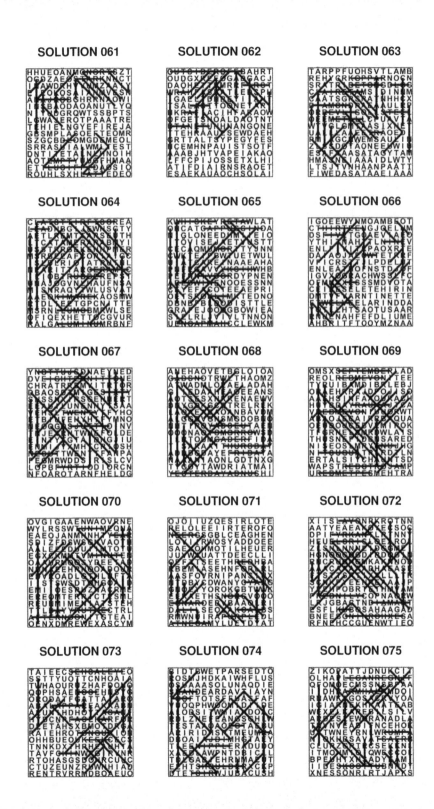

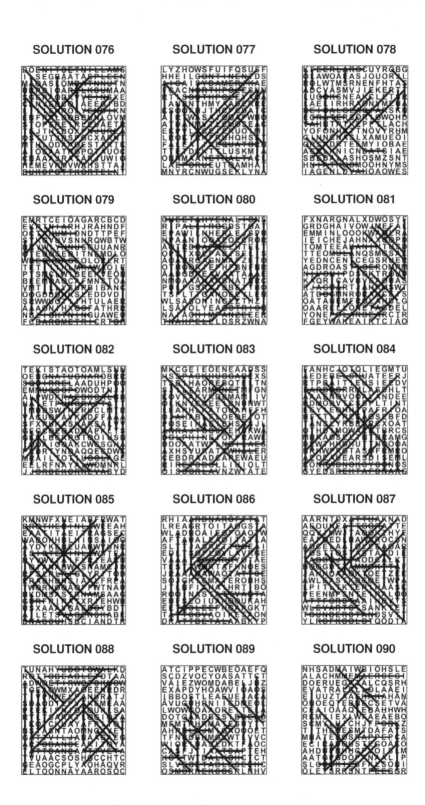

SOLUTION 091

SOLUTION 092

SOLUTION 093

SOLUTION 094

SOLUTION 095

SOLUTION 096

SOLUTION 097

SOLUTION 098

SOLUTION 099

SOLUTION 100

SOLUTION 101

SOLUTION 102

SOLUTION 103

SOLUTION 104

SOLUTION 105

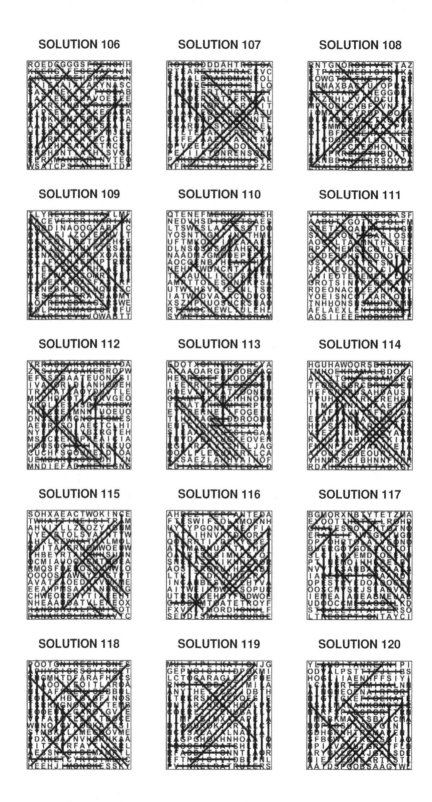

SOLUTION 106   SOLUTION 107   SOLUTION 108

SOLUTION 109   SOLUTION 110   SOLUTION 111

SOLUTION 112   SOLUTION 113   SOLUTION 114

SOLUTION 115   SOLUTION 116   SOLUTION 117

SOLUTION 118   SOLUTION 119   SOLUTION 120

SOLUTION 121

SOLUTION 122

SOLUTION 123

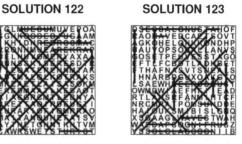

SOLUTION 124

SOLUTION 125

SOLUTION 126

SOLUTION 127

SOLUTION 128

SOLUTION 129

SOLUTION 130

Wordsearch Books by David Solenky

Language Series
Learn French with Wordsearch Puzzles
Learn German with Wordsearch Puzzles
Learn Hungarian with Wordsearch Puzzles
Learn Italian with Wordsearch Puzzles
Learn Polish with Wordsearch Puzzles
Learn Portuguese with Wordsearch Puzzles
Learn Romanian with Wordsearch Puzzles
Learn Spanish with Wordsearch Puzzles
Learn Swedish with Wordsearch Puzzles
Learn Turkish with Wordsearch Puzzles

Baby Name Series
Baby Name Wordsearch Puzzles
Baby Boy Name Wordsearch Puzzles
Baby Girl Name Wordsearch Puzzles

Made in United States
Orlando, FL
09 March 2022

15545080R10085